しくじり企業も7復活する つの大原則

Seven Major Principles

名和田 竜
ランチェスター協会常務理事／
澤田経営道場講師

ランチェスター×孫子

ビジネス社

NPO
LANCHESTER
association

〈特定非営利活動法人ランチェスター協会〉

故・田岡信夫氏によって構築されたランチェスター戦略を多くの企業に普及させ、経営の発展と安定化及び経済の発展に寄与することを目的として、1988年に任意団体として設立。2001年に特定非営利活動法人の認証を得て発足。現在もランチェスター戦略の普及啓蒙活動を行っている。

URL:http://www.lanchester.or.jp

プロローグ　「7つの大原則」について

皆さん、こんにちは！

本書を手に取っていただき、ありがとうございます！

この本は、「孫子の兵法」と「ランチェスター法則」という2つの法則をベースに、ランチェスター戦略の専門家である筆者がこれまで学んできた理論と実務経験から、ビジネスを成功させるための原則を整理しまとめたものです。

本書は、単に「原則」を解説するにとどまることなく、現時点で成功している企業の戦略に照らし合わせることによって、納得していただき、より理解を深めてもらうことを目的にしております。

「成功している企業」、すなわち時代の変化や競争状況に負けず、生き残っている企業は必ず負けない戦い方や勝つための戦い方というものを実践しています。

一方で、「負けている企業」というものも存在します。

では、負けている企業は、なぜ負けているのか？

ここでは**「しくじり」**という表現で、その要因もやはり原則に当てはめ、読み解いていきたいと思います。

「成功」にも「しくじり」にも根拠や理由が必ず存在するということを学び取っていただくことが、実は本書の最大の目的でもあります。

結論から申し上げれば、成功している企業の戦略やその要因をひも解いていくと、実は「孫子の兵法」で説明できます。

それは、「孫子の兵法」や「ランチェスター法則」でほぼ説明できます。「孫子の兵法」は負けないための原理原則であり、「ランチェスター法則」は勝つための法則にほかならないからです。

ただし、この2つをすべて読みこなし、理解する必要はありません。

この2つは、あくまでも戦いに勝つために導き出されたものであり、決してビジネスのためのものではないからです。

したがって、私は今回この2つから、ビジネスを成功させるうえで必要とされる考え方を7つのポイントに整理し、まとめました。

それが、「7つの原則」です。

しかも単に整理したということではありません。これまで私がランチェスター戦略の専門家として、つちかってきた経験や研究をもとに7つにしぼり込んでいます。

では、この「7つの原則」を実践すれば、必ず成功するのか？

ハイ、成功します！（キッパリ）

ただし、成功するためには成功するまであきらめず、「やり抜く」覚悟が必要となります。

「やり切る」信念といってもいいでしょう。

本書でご紹介する事例も、すべてこの〝やり抜く〟〝やり切る〟ことがポイントとなっています。

私は、この〝やり抜く〟という表現を**「振り切る！」**という言葉で置き換えています。

成功している企業は皆、〝振り切って〟います。

では、何をどう〝振り切っている〟のか？　ぜひ、本書で確認してみてください。

それでは、また後ほど、エピローグでお会いしましょう。

第1章 孫子の兵法&ランチェスター法則 マルッと解説

第2章

孫子×ランチェスター法則をビジネスに活かす！「7つの原則」！

第3章 孫子×ランチェスター法則「7つの原則」から読み解く！ ～実例解説編～

第4章 「しくじりの戦略から学ぶ」

第1章

孫子の兵法＆ランチェスター法則マルッと解説

不敗の戦略書「孫子」と勝ち方のルール「ランチェスター法則」

すべての兵法書といわれるものの原点は、「孫子（の兵法）」にあります。「孫子」は約2500年前の中国春秋時代に、兵法家・孫武によってまとめられた世界最古の兵法であり、兵法の古典といわれています。

これまで数多くのリーダーやその参謀たちが、この「孫子」を参考にしてきたことはいうに及ばず、政治やビジネスの世界においても、その思想は広く応用されてきました。

また、この考え方を実践することで、成功してきた国のリーダー層や企業の経営者も数多く存在します。**「兵法（戦争）のバイブル」**といわれるゆえんです。

一方、「ランチェスター法則」とは、第一次世界大戦時にイギリスのエンジニアであったフレデリック・ウィリアム・ランチェスターによって提唱された「戦闘の法則」です。

さて、この2つはまったく別物なのでしょうか？　時代も違えば、その背景も違います。

しかし、共通するのは、戦いに勝つために必要な考え方であるということ。

「孫子」は、戦争で勝つための思想や考え方をまとめ、その原理を唱えたものです。

その最大のポイントは、「負けない」ことにあります。さらにいうと、「戦わずして勝つこと」がもっとも理想的な賢い勝ち方であると位置づけています。

もう一方の「ランチェスター法則」も、実際の戦争から導き出された戦闘における勝ち方の法則であり、兵隊や戦闘機・戦車などの兵力数と武器の性能が戦闘力を決定づけることを科学的に示した方程式です。

つまり、この2つの考え方を理解すれば、戦いに勝つための原理原則を知ることになります。現在の市場状況において、ビジネスで生き残るということは並たいていのことではありません。説明するまでもなく、よりいっそう厳しさを増すこの市場競争を勝ち抜かねばならないからです。

ところが多くの企業や経営者は、意外や勝つための原理や原則を理解していないという実態があるのです。これでは市場競争の波に飲み込まれ、勝ち抜くことはおろか生き残ることすらままなりません。最新のマーケティング手法や即効性のある流行りのプロモーション戦略も、もちろん取り入れることに異を唱えるつもりはありません。ただ、こうした手法は先行者優位性が強く、後発で取り入れても、その恩恵を受けるのはほんの一部と言わざるを得ません。

事実、成功している企業や経営者は、そのベースに勝ち方の原理原則というものがあり、そこに則《のっと》った経営を実践しています。

これは古今東西、業種業態、規模を問わず、成功企業に共通していえることではないかと思います。もちろん、その中には原理原則を認識し、実践している企業もあれば、無意識のうちに実践している企業もあります。しかし共通するところは——くどいようですが——**皆、原理原則に則っている**のです。

したがって経営のベースとなる戦いの原理原則をまずは知ることが、成功への近道といえるのではないでしょうか。そこがあるからこそ最新のマーケティング手法やプロモーションも、より生きてくるといえるでしょう。

孫子の兵法とは？

「孫子」は、約2500年も前に中国で書かれた兵法書です。それが現在でも色あせることなく、読み続けられている最大の理由は、現代でも通用する「不敗」の戦略書であるか

孫子の兵法13篇をワンフレーズ化すると…

勝算のある戦いだけをせよ！	→	勝ち易きに勝つ！
短期決戦で勝負せよ！	→	常に早いものが勝ち！
敵を知り、己を知れば100戦しても負けない！	→	最良は戦わずして勝つ！
不敗の形態で勝負せよ！	→	準備を怠らないものが勝つ！
集団の力で勢いに乗れ！	→	士気高きものが勝つ！
主導権を握って戦え！	→	常に主導権を握ったものが勝つ！
相手の油断を誘え！	→	不利を有利に変えるものが勝つ！
臨機応変に戦え！	→	常に状況に対応できるものが勝つ！
敵情入念に探れ！	→	敵情を正確に知るものが勝つ！
地形に応じた戦い方をせよ！	→	地の利を知るものが勝つ！
部下を戦力で戦わせよ！	→	一致団結し、全力で戦うものが勝つ！
冷静に戦争目的を達成せよ！	→	常に目標設定が明確なものが勝つ！
情報収集、諜略活動を怠るな！	→	常に情報を制するものが勝つ！

らです。本書ではその要諦を簡潔に解説したいと思います。

孫子の兵法は、全13篇から成り立っています。その1つ1つが独立したテーマで書かれています。13篇の各章でそれぞれ何をいっているのかを私流に簡潔に示してみました。

いかがでしょうか？　前ページの解釈で、そう外れていないかと思います。つまり、「孫子」は、この13篇を実践すれば、**「負けることはない」**と唱えているわけです。

ランチェスター法則とは？

「ランチェスター法則」とは、第一次世界大戦の頃、イギリス人のエンジニア、フレデリック・ウィリアム・ランチェスター氏（1868〜1946）が発見した戦争理論のことを指します。ちなみにランチェスター氏は、英国初のガソリン自動車を開発した人物としてよく知られています。

さて、そのランチェスター氏ですが、彼は当時、戦闘機の開発に従事していました。ところが戦闘機が実戦において、どのような成果を収めたかに強い関心を持ちはじめ、勝ち負けの研究を始めます。そして各地の戦闘の資料を集めていくうちに、ある法則を発見します。その法則とは、「戦いにおいては、兵力の数と武器の性能が互いの戦闘力を決定づけてしまう」というモノでした。

もう少し詳しく説明しましょう。例えば、戦争において2つの軍隊が戦ったとします。勝つのはどちらだと思いますか？　これだけでの情報では当然わかるはずがありませんよね？

ただ1つだけいえることは、勝つのは**「戦闘力が高い軍隊」**ということです。何をあたり前のことを！　と思うかもしれませんが、これが勝ち負けの原理です。

では、「戦闘力」とは、何によって決まるのか？

これが重要な情報となります。「戦闘力」を構成する要素は、大きく2つです。

「武器の性能」と「兵力の数」。この2つによって決まります。

つまり性能の良い武器を持ち、兵士が多い軍隊が「戦闘力」が高いことになります。すなわち、「勝つ」ということです。

ランチェスター氏は、この「武器の性能」と「兵力の数」という2つの関係性を統計的に分析し、「兵力数と武器の性能が戦闘力を決定づける」という結論を導き出しました。

これを言い換えると、**「戦闘力は、武器の性能と兵力数で決まる」**ということです。

その後、ランチェスター氏は、1916年に「戦争における航空機 AIRCRAFT in WARFARE」でこの法則を世に発表します。これが「戦闘における勝ち負けのルール」、すなわち「ランチェスター法則」といわれるものです。

この法則は、実は2つのルールで成り立ちます。

1つは狭い範囲で兵士が単発兵器を持ち、接近して「1対1」で戦う際に適用される「ランチェスター第一法則」。もう1つは広域で兵士が確率兵器（後述）を持ち、遠隔で「集団対集団」で戦う際に適用される「ランチェスター第二法則」です。

この2つの法則について詳しく解説していきましょう。

ランチェスター第一法則

ランチェスター第一法則が適用される状況下とは、兵士が「1対1」で、狭い範囲で刀や槍などを持ち、敵と接近して一騎討ち型の戦を行う原始的な戦いを指します（局地戦・一騎討ち戦・接近戦）。

前述のように「戦闘力」というのは、「武器の性能」と「兵力数」によって決まります。

これを式で表すと、

「戦闘力」＝「武器性能」×「兵力数」

となります。

つまり「戦闘力」とは、「武器性能」と「兵力数」をかけ合わせたものによって決まるわけです。ただし、武器性能といっても単に持つ「武器の性能」だけでなく、その武器を扱う兵士の腕前やモチベーションなどといった要素も加わることも押さえておいてください。

例えば、味方が敵の2倍の性能の武器で戦えば、敵の武器性能1に対して、味方の武器性能は2です。

逆に敵が味方の2倍の武器性能であれば、敵1に対して味方0・5の武器性能となります。

戦いにおいては、この戦闘力が高いほうが勝つわけですから、戦闘力を高めたいと思ったら、武器性能を上げるか、兵力数を増やせばいいわけです。

両方ともできればいいですが、どちらか一方でも上げることができれば、基本的には戦闘力が高まります。非常にシンプルです。

しかし、このシンプルなかけ算が成り立つのは、「1対1の戦い」（局地戦・一騎討ち戦・接近戦）の場合のみです。そして、この「1対1の戦い」に適用されるルールを「ランチェスター第一法則」といいます。

理解を深めるためにもう少し説明しておきましょう。例えば、同じ力量（腕前）で同じ武器を持った兵隊同士が、チームM軍：5名と、チームN軍：3名で戦ったとします（武器性能は同じ）。

どちらか一方が全滅するまで戦い続けた場合、どちらがどれだけ生き残って勝つと思いますか？

この場合、武器性能は同じという条件となりますので、武器性能は1となります。

したがって、同じ力量の者同士が同じ性能の武器を使って戦った場合、

・チームM軍：戦闘力＝武器性能1×兵力数5＝5（チームM軍の戦闘力）
・チームN軍：戦闘力＝武器性能1×兵力数3＝3（チームN軍の戦闘力）

ランチェスター第一法則

※「局地戦・一騎討ち戦・接近戦」の状況下で適用される法則

「戦闘力」＝ E（武器性能）× 兵力数

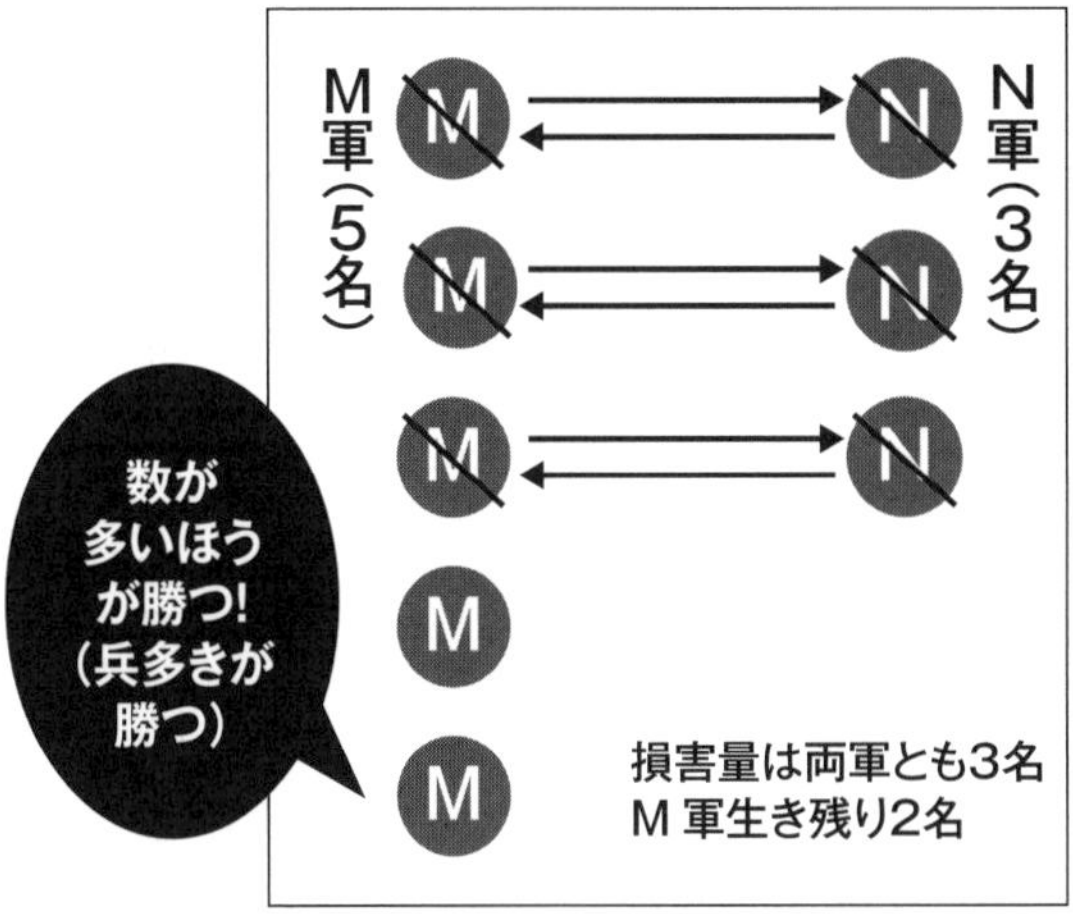

M軍の損害 ＞ **M0 − M ＝ E（N0 − N）** ＜ N軍の損害

M0：味方の初期兵力数　　N0：敵の初期兵力数

M: 味方の残存兵力数　　N: 敵の残存兵力数

E:Exchange Rate（交換比＝武器性能）＜ M軍の武器性能を1とした場合の N軍の武器性能

味方の初期兵力数 − 味方の残存兵力数 ＝ 武器性能 ×（敵の初期兵力数 − 敵の残存兵力数）

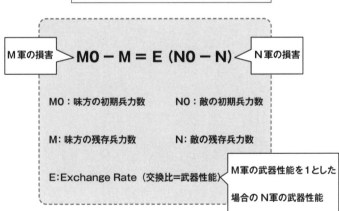

全滅するまで戦うとすると、

・（チームM軍の戦闘力5）－（チームN軍の戦闘力3）＝2

よって、チームM軍が2名残して勝つ！

非常にわかりやすい。要は武器性能が同じであれば、兵力数が多いほうが勝ち、多い分だけ生き残る結果になるということです。

兵力数の多いほうの戦闘力がまさるわけですので、結果として勝つ。その際、武器や腕前が同じ者同士が一騎討ちで戦うので、相討ちになります。

したがって、数の多いほうが多い分だけ残して勝つということになります。逆もしかり。数が同じなら、武器や力量（腕前）が優れているほうが戦闘力で勝ります。

さぁ、ここから何がいえるでしょう？　勝つためには、「武器性能を上げる」か「兵力数を増やす」ということがいえますね。これだけだと簡単に聞こえますが、でもこれが基本なのです。

ランチェスター第一法則（補足）

※N 軍が勝つためには……
・戦闘力が M 軍の戦闘力5を上回れば良い。
・武器性能 × 兵力数３＞５
・武器性能＞５／３
⇒ ５／３（約1.7）より大きくすれば勝てる。

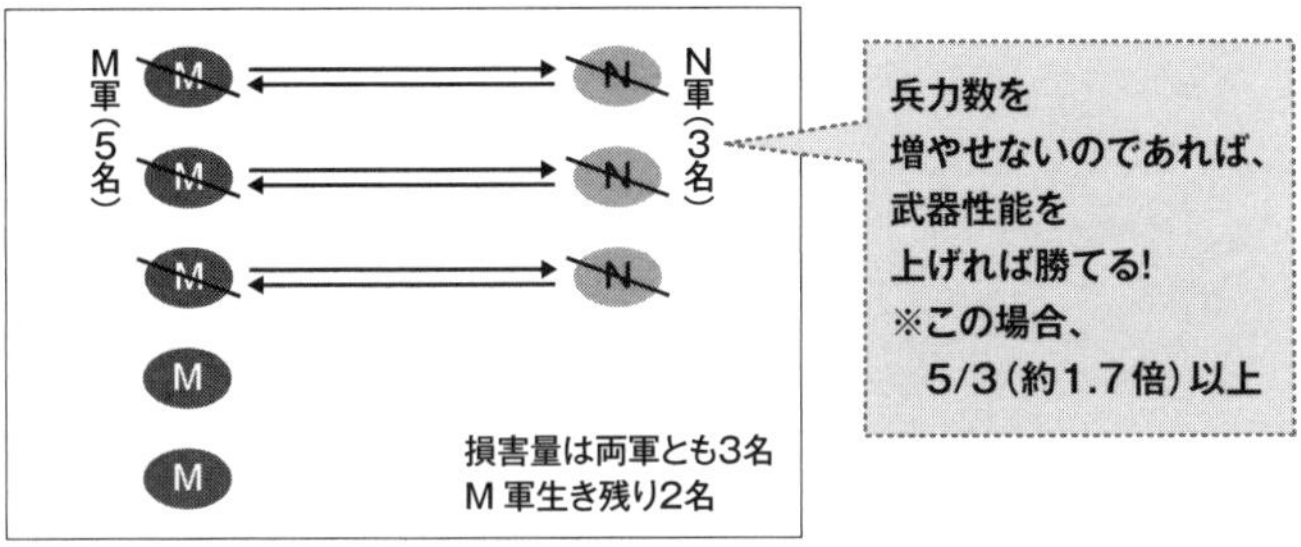

ただし、ここでもう１つ注目しておきたいのが、チームN軍が３名倒されているのに対し、勝ったチームM軍も３人が倒されているということです。

実は倒される数（損害量）に関しては、同じということを「第一法則」では示しているのです。

「ランチェスター第一法則」では、武器性能が同じであれば兵力数が多い少ないに関係なく、倒される兵力数は同じである……このことを頭にしっかり入れておいてください。

また、ランチェスター氏は、この法則を23ページの方程式で示しました。

それなら数の少ないチームN軍が勝つためには、武器性能をどこまで上げればいいのでしょうか？

この場合、兵力比よりも高い武器性能で戦えば勝てるということになります。

ランチェスター第二法則

一方、「集団対集団の戦い」というのは、広い範囲で敵と距離をとり、機関銃のような武器で多数が多数を同時に攻撃するような近代的な戦い方を指します。

その弾が敵に当たるかどうかは確率の問題ですので、確率戦とも呼ばれています。

近代における戦いは、ほぼこちらの確率戦といえるでしょう（広域戦・確率戦・遠隔戦）。

当然この場合でも、戦闘力が高いほうが勝つわけですが、1つだけ第一法則とは大きく異なる点があります。

それを式で表すと、

「戦闘力」＝「武器性能」×「兵力数の2乗」


何が違うか？　わかりますか？

そう「兵力数」が「2乗」になっている点です。

これは、第二法則が適用されるような状況下においては、兵力の数が2乗に作用することを意味します。

第一法則と同様、例えば同じ力量（腕前）で同じ武器を持った兵隊同士が、チームM軍：5名、チームN軍：3名でどちらかが全滅するまで戦ったとします。

この場合もどちらが何人生き残り、勝つことができるかを考えてみましょう。

同じ武器・力量であれば、先ほどと同じで武器性能は1となります。

したがって兵力数が多いほうが勝つことはわかります。

ただし、第二法則の場合、兵力数が2乗になるといいました。

この2乗になるのがポイントです。

つまり、
・チームM軍：戦闘力＝武器性能1×兵力数5の2乗＝25（チームM軍の戦闘力）

ランチェスター第二法則

※「広域戦・確率戦・遠隔戦」の状況下で適用される法則

「戦闘力」＝E（武器性能）×兵力数^2

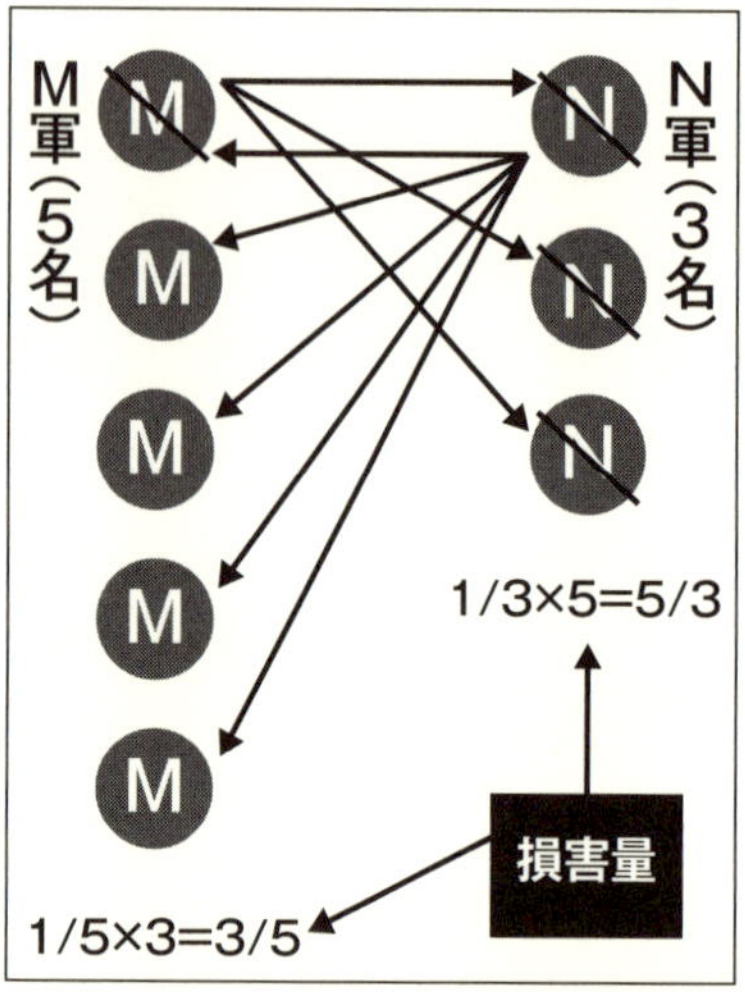

・M 軍の戦闘力=武器効率 1×5/3
・N 軍の戦闘力=武器効率 1×3/5

※通分すると……
25/15：9/15 ⇒ 25−9＝16
2 乗してるので ⇒ $\sqrt{16}=4$

M軍の損害 ＞ $MO^2 - M^2 = E(NO^2 - N^2)$ ＜ N軍の損害

MO：味方の初期兵力数　　NO：敵の初期兵力数

M: 味方の残存兵力数　　N: 敵の残存兵力数

E:Exchange Rate（交換比=武器性能）＜ M軍の武器性能を1とした場合のN軍の武器性能

味方の初期兵力数^2－味方の残存兵力数^2＝武器性能×（敵の初期兵力数^2－敵の残存兵力数^2）

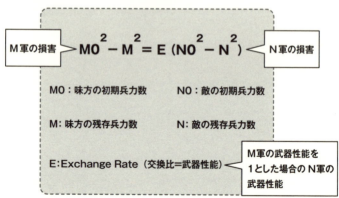

・チームN軍：戦闘力＝武器性能１×兵力数３の２乗＝９（チームN軍の戦闘力）

数が多いほうが戦闘力が上回る（勝つ）ことは第一法則と変わりありませんが、第二法則の場合、兵力数が２乗に作用しますので、ただでさえ数が多い側が有利なのに、さらに有利になるという状況が起こります。

この場合、５対３の戦闘力の差ではなく、それぞれ２乗した25対９という力の差に変わってしまいます。つまり、数の多いほうが圧倒的に有利になるということ（圧倒的に戦闘力が高くなる）。

では、なぜそのようになるのでしょうか？　その理由を説明しておきましょう。

チームM軍の５名は、チームN軍の３名に同時に攻撃をします。
チームN軍は、５名から３分の１の確率で命中する攻撃を受けることとなります。
武器性能はどちらも１なので、チームM軍の戦闘力は３分の５となります。
一方、チームN軍の３名は、チームM軍の５名に対し同時に攻撃をします。
チームM軍は、３名から５分の１の確率で命中する攻撃を受けることとなります。
つまりチームN軍の戦闘力は、５分の３となります。

ランチェスター第二法則（補足）

※N軍が勝つ為には……

・N軍の戦闘力がM軍の戦闘力「5」の２乗を上回れば良い。

⇒ 武器性能×兵力数$3^2 > 5^2$

⇒ 武器性能 $>5^2／3^2＝25／9$（約2.8）
より大きくすれば勝てる!

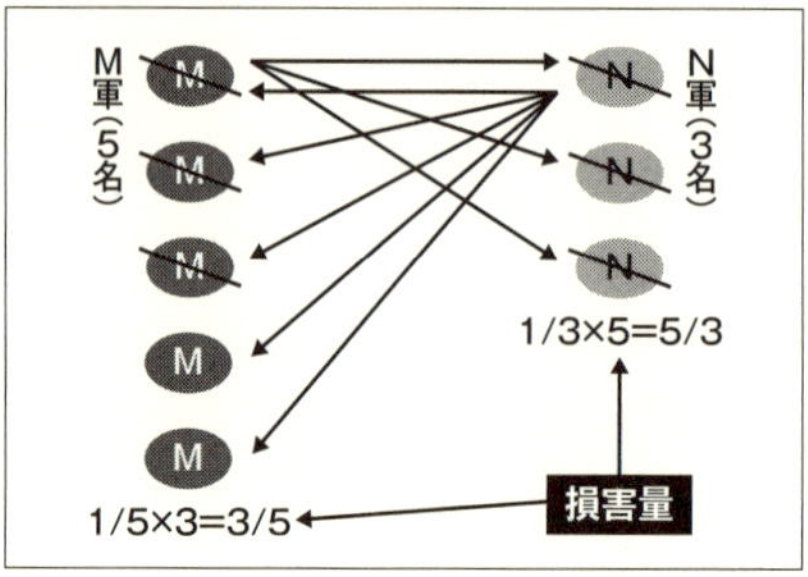

第一法則では、倒される兵力数（＝損害量）に関しては、勝つ側も負ける側も同じでした。

ところが第二法則では、兵力数が多いほうが圧勝します。つまり、損害量にも大きな差が出るわけです。

これを方程式で示すと、28ページになります。

では先程の第一法則と同様に、兵力の少ないチームN軍が、チームM軍に勝つには、どうすればよいでしょうか？

当然、武器性能を上げていくということ

になります。その場合、どの程度まで武器性能を上げると、チームM軍に勝つことができるでしょうか？

原則として、チームN軍の戦闘力が、チームM軍の戦闘力25（5の2乗）を上回ればいいわけです。とはいえ、実際にはここまでの武器効率に差をつけるのは難しいと言わざるを得ません。基本的に第二法則が適用される状況下（広域戦・確率戦・遠隔戦）においては、兵力数によって勝敗が決まってしまうといっても過言ではないでしょう。

さて、この法則から学び取っておかねばならないことは、**兵力数が多いもの（大）は常に有利だ**ということです。

一方、兵力数の少ない（小さい）ものは、第一法則が適用される状況下（局地戦・一騎討ち戦・接近戦）で戦うことで、圧倒的に不利な状況を回避することが求められます。武器性能を上げることを徹底し、そこにおける兵力数を集中させることが勝つための条件となります。

ランチェスター氏は「戦闘力」を決定づける「武器性能」と「兵力数」について、その戦闘における損害量を計ることで2つの法則が成り立つことを発見したというわけです。

まとめると、

兵力数が多いもの（大）は第二法則で戦うことによって、圧倒的に有利な状況をつくり、確実な勝利をものにする。⇒「大」＝第二法則（広域戦・確率戦・遠隔戦）

兵力数の少ないもの（小）は、第一法則で戦い、同時に武器効率を高め、そこに兵力を集中する。⇒「小」＝第一法則（局地戦・一騎討ち戦・接近戦）

以上が「ランチェスター法則」であり、勝つための原則です。

ランチェスター法則をビジネスに応用する

ここで、この法則を実際にビジネスに応用すると、どのようになるかを考えてみたいと思います。

「戦闘力」というのは、「販売力」に置き換えることができます。あるいは「営業力」といってもいいかもしれません。

つまり、企業が顧客を獲得し、売上・利益を上げる力です。

また、ビジネスにおける「武器効率」とは、「質的要素」ということがいえるでしょう。「質的要素」とは、商品・サービスの品質・性能・精度、ブランド力などがこれにあたります。

そのほかに、従業員のスキルや顧客対応力、モチベーションなども当てはまります。

一方、「兵力数」については、そのままズバリ、「量的要素」となります。

まずは、営業担当者の数や従業員の数が一番に挙げられるでしょう。

営業拠点の数、代理店、ディーラーなども1つです。

また、小売や店舗型ビジネスであれば店舗数などもこれにあたります。

以上を踏まえると、以下の式が成り立ちます。

ランチェスター第一法則が適用される場合　**営業力＝質的要素×量的要素**

ランチェスター第二法則が適用される場合　**営業力＝質的要素×量的要素の2乗**

ビジネスにおいてはどのような状況で「第一法則」が適用され、どのような時に「第二法則」が適用されるでしょうか？　ここで大事なことは、「全体と部分」という視点です。

例えば第一法則の場合は、局地戦・一騎討ち戦・接近戦ですので、「部分」という視点で見ていく。

また、第二法則の場合は、広域戦・集団戦・遠隔戦です。こちらは、「全体」という視点で見るといいでしょう。

具体的には、直販や営業担当者が直接顧客に営業活動するスタイルなどは第一法則。代理店や広告などを活用し、間接販売主体で営業活動するスタイルは、第二法則となります。

また、2社間競合の場合は、一騎討ち戦ですので第一法則型。

3社以上の競合とビジネスを展開しているのであれば、第二法則型となります。

地域やビジネスの領域をしぼり込み、限定している場合は、局地戦ですのでやはり第一法則。

全国展開など、とくにエリアや領域を限定していないのであれば広域戦となりますので、第二法則です。

以上のように、この2つの法則はビジネスに応用することが可能です。

先にもお話したように、この法則は兵力数が多いものが常に有利であるということを示しています。確かに武器性能が優れたものも有利にはなりますが、第二法則型の場合は、兵力数が2乗に作用しますので、ちょっとやそっとでは兵力数が少ないものが勝つことは難しいといえます。

したがって兵力数が少ないものは、第一法則型で戦い、兵力を集中し、武器性能を上げることが求められるわけです。逆にいえば、兵力数が劣る場合は絶対に第二法則型の戦いを挑んではいけないということです。

ビジネスでは、どうしても全体的な力関係（総合力）にのみ、目が行きがちです。が、実際に市場で勝つためには、全体的な力関係の視点だけで見ていくのではなく、自社の営業テリトリーやビジネス領域をしぼり込む、あるいは細分化することによって見えてくる、**「部分の視点」**を持っておくことが必須といえるわけです。

「全体」（総合力）では勝っていないが、「部分」（何かに特化）で勝っている企業

総合力では負けているが、ある一定の領域や市場で勝っているというケースは、意識して見回してみると、意外と身近にも存在します。

その好例として、自動車業界における普通自動車と軽自動車のケースが挙げられます。自動車市場のトップは、トヨタ自動車です。業界の絶対王者ともいえる「NO.1」企業です。ところが、そのトヨタも実は、軽自動車には手を出していません。この領域においてはダイハツとスズキが2強で、現時点ではトップがダイハツで、スズキが2番手となります（2017年度国内販売台数）。

要するに自動車全体では、到底トヨタには及ばないのですが、軽自動車というカテゴリーにおいては、ダイハツはトヨタに勝っているということになります（ダイハツはトヨタの関連会社ですが）。

このような例は、枚挙に暇《いとま》がありません。

生命保険の業界に目を向けると、総合力では日本生命が首位となります。しかし、がん

保険にフォーカスすると、契約件数ではアフラックが圧倒的「NO．1」としての強さを発揮しています。これは、広告戦略などによる、「がん保険＝アフラック」というイメージの刷り込みが功を奏した結果といえるでしょう。

おそらく街頭で「がん保険といえば？」という質問をしたら、7割近くが「アフラック」と答えるような気がします。

逆にそう思わせてしまうくらいのイメージ戦略こそが、アフラックの成功要因といえるのではないでしょうか。

では、旅行代理店はどうでしょうか？

総合部門のトップはJTBで、やはり圧倒的なシェアを占めています。

ただしオンライン系では楽天トラベルが強く、シニア層にはクラブツーリズム（近鉄グループ）が強いといった特徴が見られます。

最近勢いのある飲食店などに目をやると、例えば居酒屋などでもフルラインナップのメニュー豊富なお店よりも、何かに専門特化した業態のほうがうまくいっています。鳥貴族や串カツ田中などは、その好例といえるでしょう。

これらのお店は、決して総合力では勝っていませんが、何かにフォーカスした特化型の業態としてその存在感を知らしめ、顧客のマインドシェアに深く浸透しているのが特徴といえます。

第2章

孫子×ランチェスター法則をビジネスに活かす！「7つの原則」！

ここで今まで見てきた「孫子」の考え方と「ランチェスター法則」の考え方を踏まえ、そこに私自身が経験してきた視点を加味し、ビジネスを成功に導くポイントを7つに厳選し挙げさせていただきたいと思います。基本的には、この7つを実践している会社は、ほぼ間違いなく成功しています。

したがって、この7つ以外のことは、極論ですが、優先度合いとして後回しでも良いかと思います。ちなみに、7つの順番にはとくに優劣はありません。どれも重要ですので、その企業の置かれている状況に合わせ、最適な資源配分や優先順位を考えて取り組んでみてください。

ビジネスを成功させる「7つの原則」

①重点化の原則：ここで勝つという場を決める！
②集中化の原則：資源を一点集中させる！
③顧客ファーストの原則：何をおいても顧客視点！
④スピード力の原則：常に早いものが勝つ！

⑤自前主義の原則：主導権を握るものが勝つ！
⑥情報発信力の原則：情報を制するものが市場を制する！
⑦人財力の原則：「人」こそ最大の差別化なり！

それでは個々に詳しく説明していきましょう。

①　重点化の原則　「ここで勝つという場を決める！」

まず1つ目は、**「重点化の原則」**です。

これは、いわゆるランチェスター法則的には「局地戦」や「一点集中」といった意味合いになります。また、孫子の兵法的な解釈を加えると**「地の利を知るモノが勝つ！」**や**「勝ち易きに勝つ！」**などが当てはまります。

具体的には、ビジネスを展開する市場を定めるということから始めていくといいでしょう。市場の選定は、その会社によって自由に決めることが可能です。したがって、自分たちはどの領域に重点を置くのか？　どの地域・営業テリトリーなのか？　どういった商品カテゴリーなのか？　単品商品なのか？　客層なのか？　……etc。

まずは、どこで勝ちたいのか？　どこで勝つのか？　を決めてみてください。

その際の選定のポイントは、まずは自社（自身）が得意な領域・分野は何か？　競合があまり多くない市場はどこか？　このあたりを検討してみるといいでしょう。まさに「勝ち易きに勝つ！」ですね。

そしてもう1つ。その市場は、情熱を燃やせるところなのか？　また、ランチェスター第一法則が成り立つ市場なのか？　というところも選定基準の1つとして押さえておくと良いでしょう。

② 集中化の原則「資源を一点集中させる！」

市場を特定したら、次にやることは、そこに自社の持つ資源を集中させるということです。今まで分散していた資源（ヒト・モノ・カネ・時間など）をすべてここを最優先にし、集中させます。まさに一点集中です！

ただでさえ、リソースの乏しい弱者といわれる企業であれば、アレコレ手を広げず、1つの市場に資源を集中させることで、そこにおける量的要素を高めていくことが必須となります。これぞ、「ランチェスター第一法則」下での戦い方ですね。

3Cの視点（顧客・自社・競合）

3つの視点から、自社事業への影響要因を明らかにする
※客観的かつ的確な現状認識ができるかがポイント！

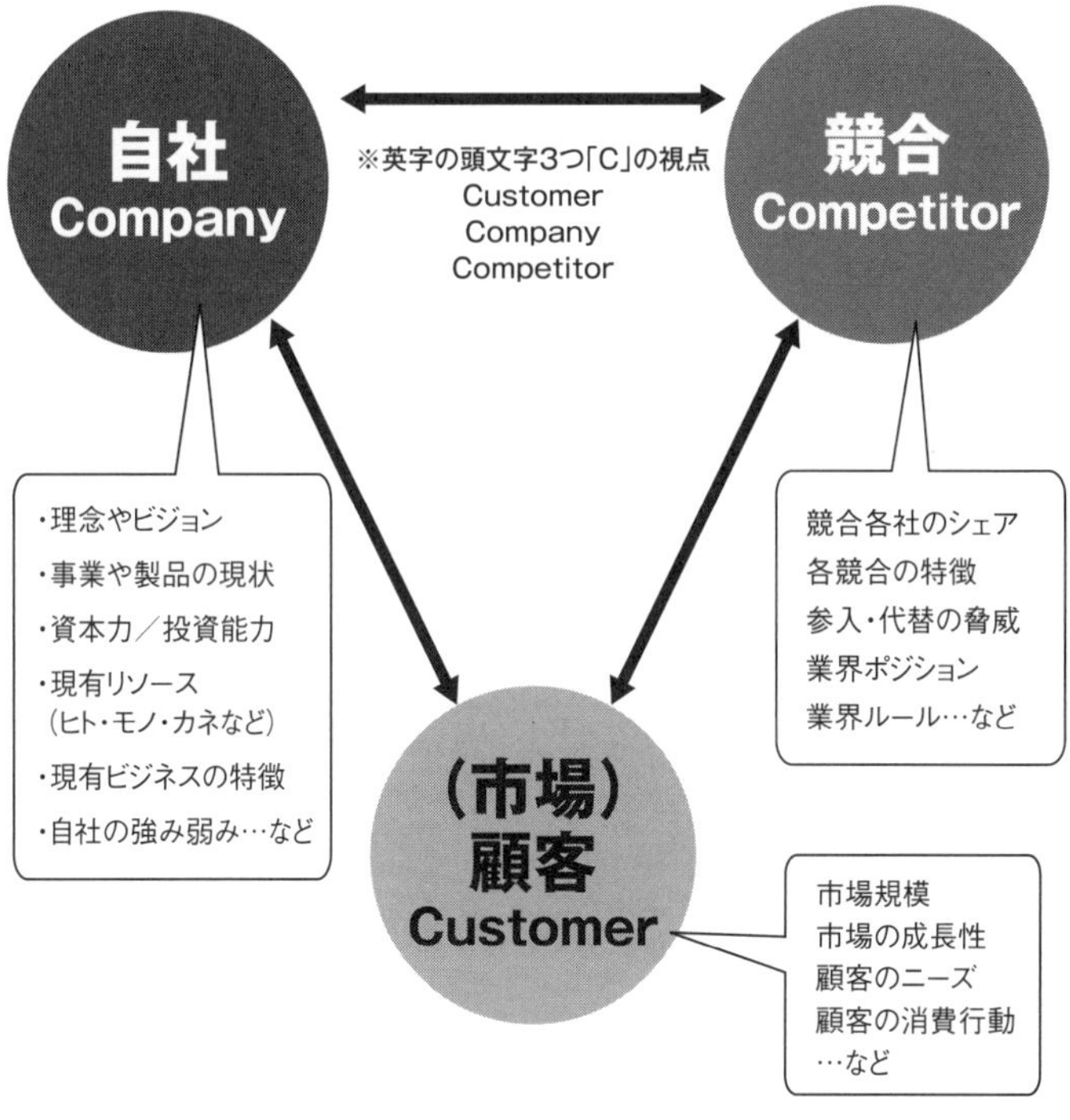

・どんな層が顧客として存在しているのか？
・顧客が求めているものは何か？（顧客ニーズ・購入基準）
・顧客が抱いている現状のイメージは？（プラス・マイナス面）
・消費行動に特徴はあるか？

③　顧客ファーストの原則　**「何をおいても顧客視点！」**

これは、兵法や戦争理論からは導き出せない原則であると同時に、マーケティングでもっとも重視すべき視点であるといえます。実は、この視点があるからこそ、ビジネスは単純な一騎討ちとは違い、難しくもあり、面白いのかもしれません。

要は、「敵を知り、己を知れば100戦して危うからず」ではないのです。それだけでは危ういのです。**「敵を知り、己を知り、顧客を知らなければならない」**――そう、**「3C」**の視点です。これがないと勝てないのです。

そういう意味では、同じ戦いといっても対戦相手にただ勝つだけでなく、観客から支持されないと、決して一流とは呼ばれないプロレスラーなどとも非常に近いかもしれません。プロレスの場合、真のエースとはただ強いだけではダメで、客を呼べる選手。会場をフルハウス（満員）にできる選手を指します。そのために求められるのは、まさに顧客優先主義です。ただし、間違ってはいけないのが、決して顧客に媚《こ》びを売るということではないこと。超一流の選手とは、むしろ顧客を自分の掌《てのひら》に載せることができる選手ともいいます。

これは、ビジネスであっても同じです。たとえ競合より優れていたとしても、顧客に支持されなくては、商品は売れていきません。そのため顧客の声に耳を傾け、何が求められているのか？　そのニーズにしっかり応えていかなくてはなりません。

とはいえ顧客の声に常に振り回されているようでは、これまた支持を得ることはできません。ここがなんとも難しいところですが、本当にうまくニーズをとらえている企業とは、実は顧客の声の半歩先を行く企業です。

早過ぎてもダメ。遅いのはもっての外ですが、同時でも競争にさらされてしまいます。半歩くらい先を歩くのが、ある意味ちょうどいいのかもしれません。

そのためには、常に顧客の潜在的ニーズをとらえることが必須といえるでしょう。潜在的ニーズとは、まだ表に顕在化されていないニーズを指します。これは顧客自身も気づいていないニーズであるため、アンケート調査や市場調査などから読みとることが難しいといえます。

このニーズを見つけるためには、本当に小さな声、少数派ともいえる声に、まずは耳を傾けてみることです。わずかな意見かもしれないその声が、実は隠れていた大きな需要を呼び起こし、新たな市場創造へと発展していくことは、よくあるケースです。

何をおいても顧客の声!! これを忘れないでください。

④ スピード力の原則 「常に早いものが勝つ!」

「常に早いものが勝つ!」これは歴史が証明しています。世界でも類を見ない立身出世を果たした豊臣秀吉を思い出してみてください。彼が天下人へと駆け上がるターニングポイントとなったのは、本能寺で信長が討ち取られた直後の「中国大返し」でした。

当時秀吉は、備中高松城の戦いにありましたが、信長の横死を知った直後、速やかに毛利氏との講和を取りまとめ、主君の仇明智光秀を討つため京に向けて全軍を取って返したのです。備中高松城（岡山県岡山市）から山城山崎（京都）まで約200kmの距離ですが、それをなんと約7日間で踏破しました。現在でも日本史上屈指の大強行軍として知られているわけで、この時、もし秀吉に「決断力」がなかったら、あるいは決断に時間がかかっていたら、兵にスピードがなかったら……秀吉は天下人にはなっていなかったでしょう。これは断言できます。

また家康が天下を治め、幕府を開くことができたのも、関ケ原が短期決戦で勝負がついたからといえます。もし仮に長期戦になっていたなら、西軍にまだまだ分があったのではないでしょうか。

ちょっと話がビジネスから離れてしまいましたが、ビジネスもやはりスピードが勝敗を決める重要なポイントであることは間違いありません。とにかく速さ、スピード感というものがある会社が、たいてい勝っています。時代の変化に速やかに対応できたものは生き残り、タイミングを逸《いっ》してしまったものは、やがて消えていくという憂き目にあっています。

ソフトバンクがあれだけ巨大化したのも、やはり時代の変化を読み取り、スピーディーに対応していったからにほかなりません。楽天の社是には**「スピード!! スピード!! スピード!!」**という文句があります。H・I・S・の創業者、澤田秀雄会長兼社長も、とにかくスピードがあるモノが市場を制すると言っています。

皆さんの周りを見回しても、できるという評価の人は皆、たいてい仕事や対応が早いのではないでしょうか？　やはり、スピードは勝つためには外せない条件といえるでしょう。

⑤ 自前主義の原則 「主導権を握るものが勝つ！」

自前主義というのは、ある意味究極的な取り組みです。すべて内製でまかない、ビジネスを展開していくわけですから。もちろん、すべてというのは難しいかもしれませんが、基本的には生産から販売までを一気通貫に行っていくのが自前主義です。

皆さんが、ぱっと思い浮かべるのは、ＳＰＡを標榜するユニクロなどではないでしょうか？　ユニクロはＳＰＡを掲げて以降、急成長を遂げ、現在は日本を代表するビッグカンパニーとなっています。世界を見渡してもＺＡＲＡやＨ＆Ｍなどもユニクロ同様、ＳＰＡで展開しています。

決してＳＰＡがすべてではありませんが、やはりビジネスを展開する上では自社ですべてをコントロールできることは強みといえるでしょう。

また、完全なＳＰＡではありませんが、セブン-イレブンなどもチームＭＤ（マーチャンダイジング）制を確立以降は、無敵の絶対王者として業界に君臨しています。

※ＳＰＡ：アパレルの製造小売業のことであり、衣類などの商品をメーカーや卸売から

仕入れるのではなく、自ら開発、製造、販売までを手がける流通形態のことを指す。

※チーム・マーチャンダイジング：小売業と取引先、広告代理店などが共同でチームとなって商品開発を行うこと。それぞれの情報とノウハウを共有することによって、消費者のニーズを商品に直接反映させ、実需に基づいた生産や出荷を柔軟に行うことが可能となる。

「常に主導権を握り戦ったものが勝つ」――主導権を握れば、当然その戦いを有利に運ぶことができます。これは、容易にイメージできるのではないでしょうか？

SPAしかり。チームMDしかり。これらはまさにビジネスを展開する上で、主導権を握る状況をつくり出すことが可能です。これはブランド力や資金力がある企業の戦略に映るかもしれませんが、それは現在のユニクロやセブン-イレブンの姿を見ているからでしょう。

しかし、ユニクロなどは、まったく無名の地方の洋品店がその原点です。最初から潤沢な資金があったわけではありません。どのようにビジネスを展開していきたいかというビジョンを描く過程で、SPAは必須だったのです。この手法は、何もアパレルや流通業とは限りません。そのことは後ほど事例でも触れていきましょう。

話を戻します。ビジネスは主導権を握ったものが有利にモノゴトを運ぶことができます。下請け体質では、常に発注先の条件や状況に振り回されてしまいます。また、常に元受けの顔色をうかがいながらビジネスをしなくてはならないのでは、当然のことながら経営体質も安定してきません。

これまで下請けの立場でビジネスをしてきた会社がいきなり自力で仕事をつくっていくのは、確かにかなりハードルが高いといえます。それでも、やはり本気で体質改善を図っていくのであれば、どこかのタイミングで自分たちでコントロールしていける事業が必要です。

ここは多少時間がかかったとしても、自社でコントロール可能な事業を構築することを心掛けてください。ランチェスター戦略でいうところの接近戦も流通経路、つまり卸や代理店に振り回されることなく、極力エンドユーザーに近い状況（川下戦略）でビジネスを展開していきましょうと謳《うた》っています。

⑥　情報発信力の原則　「情報を制するものが市場を制する！」

６つ目の原則として挙げたのが、「情報発信力の原則」です。「敵情を正確に知るものが勝つ！」「常に情報を制するものが勝つ！」これは、孫子の兵法にある言葉ですが、まさに現代の戦争や企業間競争においてもまったく色あせることのない、勝つための原則といえます。ランチェスター戦略では陽動戦などが、これに当てはまるといえるでしょう。

本来、量的リソースが乏しい会社は、その量的要素を分散させず、狭い領域に集中させることで高めていくことが求められます。その量的要素とは、これまでは自社が抱える資源（社員や営業パーソンも含む）のみに限定されていました。しかし、近年のソーシャルメディアなどを活用したマーケティング戦略を応用すると、自社を宣伝（ＰＲ）してくれる熱烈なファン（つながりの強いファン）なども、この資源に加えられるというとらえ方が可能となりました。

また、良質なコンテンツをネットを通じて情報発信していけば、たとえ**自社のリソースが乏しい企業**であっても、広い領域において顧客をつかみ、支持されるといったことも可能です。これは、個人であってもその情報発信が容易になったネット環境やソーシャルメディアの浸透などが大きく影響しているといえます。

ただし、これらはあくまで武器です。したがって、この武器をどのように使えば、より効果的かということに関しては、孫子やランチェスター法則などの原理を知っておく必要があります。

したがって、この概念を理解して、これらの武器を使用すれば、何が起こるのかが見えてくるわけです。例えば、良質な情報発信をブログなどで毎日繰り返していけば、それは「質×量」として機能してきます。それだけでも2乗倍の効果となってきますが、仮にその発信の出口をいくつか広げていけば、さらにその効果は累乗に機能するでしょう。

あるいは、その受け皿をネット上ではなく、コミュニティとしてとらえても同様のことがいえます。いわゆる熱烈なファンやアンバサダー的な顧客をつかむことができれば、その数がやはり量的資源として機能していきます。

つまり実際は雇用関係などがない（人件費等が発生しない関係性）顧客が、自社の営業担当あるいは広報担当の役割を担い、自社商品やサービスを広めてくれるのです。わかりやすくいえば**「クチコミ」**です。ただ、企業側がコミュニティをつくり、意図的にクチコミを誘発しようとしても、なかなかうまくはいきません。したがってクチコミを発生させることありきではなく、自然発生していく仕組みと関係性を顧客との間に構築することを心掛けることです。これがうまく機能すれば2乗倍以上の効果を発揮していくでしょう。

近年、こういった戦略をうまく取り込み、活用している企業とそうでない企業とでは、大きな差が広がっています。実際、私自身も何度もそのような状況を目のあたりにしてきました。

この原則を応用した具体的な戦略についても、後ほど事例で紹介していきましょう。

⑦　人財力の原則　「〝人〟こそ最大の差別化なり！」

「7つの原則」の最後は、「人財こそ最大の差別化なり！」です。これはその言葉のとおり、「人財」すなわち、「人」こそが、その会社にとって最大の差別化の武器、「財産」になるということです。

どんな優れた商品やサービスがあったとしても、どんな素晴らしい戦略を描いたとしても、実際にそれを提供する、あるいは実践する「人」がいなくては話になりません。また、ただ居るだけでも意味がありません。その会社で働く人たち1人ひとりが、しっかりとしたスキルを身につけ、モチベーション高く、誇りをもって仕事をしていなければ、うまく機能していきません。仮に一時はうまくいったとしても、必ずひずみが出てきます。「士気高きものが勝つ！」「常に状況対応できるものが勝つ！」「常に目標設定が明確なものが勝つ！」「準備を怠らないものが勝つ！」――これらはすべて人財次第といえるでしょう。

ランチェスター法則をビジネスに応用する場合も「武器性能」＝「質的要素」は、大部分が「人財」が占めるといっても過言ではありません。

よく、商品は競合とほぼ変わらない。価格でもさほど差をつけることができない。したがって、どう差別化すればいいかわからない。あるいは、そもそも差別化なんてできないという話を耳にします。そんな時、私がいつもアドバイスするのは、「差別化としてもっとも武器になるのは、自社で働く人なんですよ！」ということです。逆に「人」を差別化できないようでは、到底強い会社にはなり得ません。

では、優秀な人材を外から集めてくればいいのか？「それなら結局はカネじゃないか！」「お金があるところが有利に決まっているじゃないか！」という声が聞こえてきそうですね。確かにそれも一理あります。お金があるところに人は集まってくるのは事実ですから。

でもそれだけでしょうか？　実際には、それだけではありません。

現状の社員やスタッフを教育し、「人材」を「人財」へと変えていった会社は数多く存在し、私自身もそこに携わった経験が豊富にあります。

共通するのは人材教育に投資を惜《お》しまず、本気で向き合っている会社です。

そこに気づかない会社、気づいても取り組めない会社は最終的に生き残っていけません。

本当に伸びていく会社は、人材教育に対し、あらゆる投資を惜しみません。もちろん資金的な余裕がない、時間的な余裕がないといった会社も多く見てきました。その余裕がない中で、どのように資金や時間を捻出するか？　このことを本気で考え、なんとか実践しようという姿勢で取り組んでいる企業が最終的に生き残ります。

ここを惜しんだり、今は余裕がないので難しいと言っている経営者や意思決定者は、やはり会社の立ち位置もそこ止まりということをよく覚えておいてください。

以上が、孫子×ランチェスター法則を学び、ランチェスター戦略の専門家として活動してきた中で得た筆者の「ビジネスに活かす！　7つの原則」です。いかがでしょうか？

取り上げた「7つの原則」については、おそらく皆さんも納得できるものではないかと思いますが、ここからは、さらにその理解を深めていただくために、実践事例を解説していきたいと思います。

第3章

孫子とランチェスター法則「7つの原則」から読み解く！〜実例解説編〜

いよいよ実際に成功している企業の戦略を取り上げ、なぜ成功しているのかを「孫子とランチェスター法則」の「7つの原則」から読み解いていきたいと思います。

成功の戦略❶

100年の歴史に隠された「宝塚歌劇団」の垂直戦略

ベールに包まれた宝塚歌劇団に見るSPAモデル

「宝塚歌劇団」を知らない人はほとんどいないと思います。しかし、その実態や運営母体、組織体制、経営の仕組みについて知っている人は少ないのではないでしょうか。知名度こそ高いのですが、TVなどを中心に活動をしてきたわけではないので、実際に観たことのある人も極端に少ないような気がします。

さて、そんな宝塚歌劇団の歴史はすでに100年を超えています。100年ですよ！

１００年！　この１００年の間、宝塚はどのような経営や戦略を取ってきたのか。皆さんも気になるのではないでしょうか？

一言でいってしまえば、宝塚歌劇団の経営戦略は「自前主義」。もう少し付け加えると、自分たちで育て、考え、つくり、販売し、演じる……まさに「自創型経営」という言葉がピッタリ当てはまる戦略で、それで今日まで続いてきた団体です。要は、何から何まで自分たちの手でつくり上げ、売上利益を上げるという経営スタイル。製造から販売まで一気通貫のビジネスモデル……。そう。あのユニクロで有名になったＳＰＡモデルともいえる経営スタイルを１００年間展開し、成功している企業なのです。

私たちが目にする宝塚とは、いってみれば表側の華やかな世界だけですが、実際はその華やかな舞台を演出するために裏方が存在します。エンターテイメント事業においては当然のことですが、宝塚が面白いのはその裏方業務も含め、脚本や演出などすべて歌劇団内で内製している点です。作品制作、舞台製作、販促営業まで、そのすべてを阪急グループという枠の中で行っているのです。

つまり、宝塚歌劇の事業経営は、「創る」（制作／歌劇団）、「作る」（製作／株式会社宝塚舞台）、「売る」（販促・営業／阪急電鉄）をグループで行う垂直統合システムが構築されているのです。

SPAとは、生産から販売までを一気通貫で行う事業モデルを指し、ユニクロなどのイメージがあまりに強いため、エンターテイメント事業とはまったく無縁のように思われるかもしれません。しかし、そんなことはありません。実際、宝塚歌劇団が今日の成功にいたった大きな要因は、この垂直統合型システム（＝SPA）にこそあるのです。

ここで改めて垂直統合型システムについて、簡単に解説しておきたいと思います。

競争戦略の第一人者である米国の学者マイケル・ポーターは、「技術的には別々の生産・流通・販売その他の経済行為を1つの企業で行うこと」と定義し、メリットとして「経済性」「技術の蓄積」「他業界との差別化」「参入障壁の構築」などを挙げています。

また、ジェイ・B・バーニー教授は、「垂直統合に関する選択は、どの経営機能を自社の境界内もしくは、境界外とするかを明確化するという企業戦略の根本である」と位置づけ、「戦略上の存在意義を定義すること」と述べています。

もともと垂直統合型モデル（SPA）は、一般的には製造業などモノづくりの業態を対象に論じられてきましたが、実はアパレル業界をはじめとするさまざまな業態に応用できると実証されています。

ところが、それよりもはるか昔から、まったく別の業界で確立されていた……。それがまさに宝塚歌劇団なのです。

宝塚歌劇団は、スタート時からこうした仕組みを構築していたわけではありません。実は、その黎明《れいめい》期のポジションが大きく影響したといいます。そもそも宝塚歌劇団とは、阪急電鉄が関連事業として、鉄道の旅客誘致のために始めた温泉開発にともなってスタートしたのがその成り立ちです。

ここからは、宝塚の歴史的背景とその仕組みを『元宝塚総支配人が語る「タカラヅカ」の経営戦略』（森下信雄（著）／角川ｏｎｅテーマ21）をもとに見ていきたいと思います。

１９１１年、宝塚新温泉に併設される形で開業したのが、わが国初となる室内プールです。もちろん、目的は鉄道の旅客誘致にほかなりません。ところが「男女混泳禁止」という時代的な背景もあり、このプールは不人気のため、間もなく閉鎖されてしまいました。

その再利用方法として検討されたのが、劇場利用でした。室内プールは劇場へと改装され、その余興として１９１３年に宝塚唱歌隊が立ち上がり、その後、宝塚少女歌劇団として確立されていったのが宝塚の原点です。

ここで確認しておきたいのは、宝塚歌劇団自体で利益を上げていくことは、さほど求められていなかったということです。なぜなら阪急電鉄の本業である旅客誘致という位置づけでスタートした事業のため、年間を通してしっかりと公演を実施することを最優先する。これこそが、最大のミッションだったのです。

利益を最優先しない代わりに、公演回数をできる限り増やすというわけです。ゆえに求められたことは、劇団運営の効率化でした。したがって、その劇場周辺には衣装・道具の製作場をはじめ事務所や稽古場、音楽学校といった関連施設が次々につくられていきました。

まさにリソース（資源）の集中化ですね。実はこれこそが、後に自主制作・主催興行といった垂直統合型モデルへと発展していく原点だったのです。

宝塚歌劇団のＳＰＡモデルの仕組み

ここで宝塚歌劇団のＳＰＡモデルともいえる、垂直統合型システムについて具体的に見ていきたいと思います。

1.「創る」

宝塚歌劇団は、まずは「創る」ということからスタートします。これはいわゆる作品の企画や台本からキャスティング、スケジュール管理まですべて自社でつくり上げていくソフト制作の部分を指します。

2.「作る」

こちらの「作る」という部分は、いわゆる作品のハード的な製作を指します。大道具、小道具、衣装、照明、音響、舞台監督など作品製作がこれに当てはまります。

3.「売る」

これはでき上がった作品を実際に販売促進していくことを指します。広報宣伝活動、チケット販売、団体営業、劇場運営などがすべてこれにあたります。

基本的には、この３つのステップにならって常に作品がつくり上げられ、公演されていきます。これらがすべてグループ内で内製されているのです。

例えば、1の「創る」に関しては宝塚歌劇団が担当。2の「作る」については、株式会社宝塚舞台が担います。3の「売る」については、阪急電鉄株式会社歌劇事業部が請け負っています。

宝塚の作品は、作家・演出家の企画書提出から始まるといいます。意外に思われるかもしれませんが、作家や演出家もほとんどが宝塚歌劇団に雇用されている団員であり、外部の作家や演出家を起用することは、ほとんどないのです。

逆にいうと約70名の演者を使いこなし、独特の舞台装置や衣装などをコントロールできる演出家などが、外部にほとんどいないということなのかもしれません。

また、作品の著作権は、歌劇団が買い取る仕組みとなっています。これは、通常の演劇やブロードウェイミュージカルなどと大きく異なる仕組みです。これら通常の興業では、作家や演出家・プロデューサーなどが金銭的なリスクを負わねばならない構造になっているのに対し、宝塚歌劇団は阪急電鉄グループがそのリスクを背負っているわけです。この仕組みは、常設会場を持ち、常に箱を回さねばならない宝塚歌劇団にとっては「望む時期に、望む作品」を上演することができるメリットがあり、きわめて合理的なシステムともいえます。

また、この3つのプロセスを自前で完結させることにより、現在の旬な顧客の声を即吸い上げ、反映させることも可能なのだといいます。これ以外にもメリットを挙げていけばキリがありませんが、すべては宝塚歌劇団という独特の成り立ちや阪急グループ内におけるポジションが、必然的にこのような仕組みを構築していったといえます。

キャストも自前主義

宝塚の自前主義はこれだけにとどまりません。ご存じのように最大の商品であるキャストもすべてゼロから自前で育てています。ここは宝塚の最大のユニークポイントであり、当たり前すぎて見落としがちな部分でもあります。宝塚歌劇団は、すでにでき上がったスターをよそから引っ張ってくるのではなく、常に自分たちで自前のスターをゼロからつくり上げているのです。

これは人材育成の観点から見ても非常に優れた事業モデルといえます。ただ、宝塚音楽学校をつくって人材を輩出するだけでは、スターの誕生は望めないでしょう。やはり自前の箱（劇場）があり、自社で作品を練り上げ、営業してきたことが功を奏したのではないでしょうか。

歌劇団の特徴を最大限に活かし、魅力を引き出す脚本から人選まで。きらびやかな舞台装置と演出。自ら売り切る営業戦略。

そのどれもが歌劇団の女優たちを最大限に引き立て、幻想の世界へと誘う。

この舞台で輝くために専門の教育訓練を受けているのが、宝塚音楽学校の生徒たちなのです。したがって通常のタレントビジネスのように、1人のタレントに芸能事務所が多額の投資をし、メディアを中心に売り出していくビジネスモデルではありません。

この場合、投資分に見合うリターンがあればいいのですが、多額の費用をかけ、売り出したからといって、必ずしも売れるとは限りません。要はTVで使ってもらえたり、映画や舞台に起用されたりするとは限らないということです。

しかし宝塚の場合は、自前で用意した舞台に自前の女優たちを売り出していくビジネスモデルです。もちろん、内部での競争や実力による序列は存在しますが、第一歩となるステージやスターになるためのロールモデルはしっかりと設計されています。

長年の歴史の中でつちかわれたスター制システムや興行スタイルなどが、そうした仕組みとなっているわけです。つまり個人を売っていくのではなく、仕組みで売っていき、スターを輩出していくという点が宝塚の100年にも及ぶ強さなのではないでしょうか。

ではなぜ、「自前主義」がそれほど強いのか。まず考えられるのは、コスト面です。箱も自前、舞台装置から、脚本、監督などもすべて自前です。コスト面は当然、抑えられます。また、役者についてもよそから売れっ子を引っ張ってくるようなやり方ではなく、自前で育てているわけですから、こちらも当然コントロールが可能です。

次に、自社主導で劇団の運営をコントロールできる点です。皆さんも仕事の中で、自社だけでコントロールすることができず、どうしても他力本願であったり、外部の意向や調整に振り回される経験をしたことがあるのではないでしょうか。実はこの外的要因に振り回されることなくビジネス展開できることが、最大のメリットとして挙げられます。

もちろん、どの程度集客できるかなどは、実際にふたを開けるまで読めない部分（不確定要素）もあります。ただし他の興行ビジネスに比べると、宝塚はこの部分も、ある程度はファンとの関係性の中でシステム化された販売手法から予測することが可能です。

極論すると、宝塚はほとんど外的要因によって振り回されることがない仕組みを確立しているともいえるのです。したがって、先々までのスケジュールなども早い段階で計画することが可能であり、収益面や今後の課題なども予測することが比較的容易という利点があるのです。

これは、通常のビジネスにも当てはまります。仕事を優位に進めたければ、自らが主導権を握る、あるいは他力ではなく、自力で売り切る力を持つ！　このことが求められるわけです。

宝塚歌劇団は、「自前で創って」「自前で作って」「自前で売る」という文字どおり自社で主導権を持つ自創型経営スタイルなのです。

忘れてはならないもう1つのポイント

最後にもう1つ、忘れてはならないポイントを挙げておきます。

それは、ファンとの関係性です。意外に思うかもしれませんが、宝塚はオフィシャルなファンクラブの存在を認めてはいません。したがって、私設の「ファン会」が、宝塚女優を支えている形となります。ただし、この「ファン会」は一般的なアイドルのファンクラブよりも、女優とファンとの間に強い関係性が確立されています。例えば公演チケットの販売などは、一般の前売りよりも先に販売してもらえます。厳密にいうと配券されます。つまり「ファン会」が代理店的な機能を担い、売っているというわけです。また、「ファン会」には明確な序列が存在し、自身の立場が上がれば、より役者と近しい存在になるこ

宝塚歌劇団成功のポイント

・完全自前主義経営
・全リソースの集中化による効率経営
・ファンとの関係性による地盤の構築

これを7つの法則に当てはめると…

重点化の原則：ここという戦う場を決める！

↓

宝塚歌劇という類まれな市場を独自に構築

集中化の原則：資源の一点集中！

↓

垂直統合システムを導入

顧客ファーストの原則：何をおいても顧客視点！

↓

100年という歴史の中で、常に顧客ニーズに対応し進化

スピード力の原則：常に早いものが勝つ！

↓

垂直統合型システムによる速度感

自前主義の原則：主導権を握るものが勝つ！

↓

SPAモデル＝自前主義が物語る（人材育成や劇場、公演システムなどすべて）

情報発信力の原則：情報を制するものが市場を制する！

↓

私設ファン会の組織力。ファンとの関係性が兵力数として作用

人財力の原則：「人」こそ最大の差別化なり！

↓

宝塚音楽学校を始めとする人材育成システムおよびスター制システム

とも可能です（チケット購入量に比例）。

こうした仕組みは宝塚側が仕掛けたというより、ファンの間で長い年月をかけ、自然に完成されていったものです。いってみれば、発信側から仕掛けられた仕組みではなく、ファンが主体的に築き上げた仕組みです。この関係性こそが、宝塚のもう1つの強さのポイントといえるでしょう。ファンがただのファンではなく、量的資源として機能してくれる関係性は、ランチェスター法則でいうところの兵力数2乗倍の法則が成り立つということも付け加えておきましょう。


さて、以上が宝塚の成功戦略ではありますが、ここまで見てきて、似たような例が頭に浮かんだ方もいるのではないでしょうか。そう、アイドルグループの「ＡＫＢ48」です。

ＡＫＢ48の戦略については、本書では詳しく解説することは割愛させていただきますが、ポイントだけ見ていくと、1つはＡＫＢ48もＡＫＢ48劇場という自前の常設会場を持っている点や、自前で素人の女の子たちをスターに育てるノウハウを持っている点などが共通点として挙げられます（宝塚音楽学校とは違いますが）。また徹底したコアなファンが自分のお気に入りを応援するスタイル（推しメン）も、宝塚とどことなくかぶるといえます。

こうしたファン層によって支えられている点も非常によく似ていますよね。卒業というシステムもしかり。よく聞く話ですが、やはり秋元康氏はＡＫＢ48を構想する段階で、宝塚の仕組みをヒントとして取り入れたのではないでしょうか。

ネスカフェ・アンバサダーの場合

皆さんは、「ネスカフェ・アンバサダー（大使）」をご存じでしょうか。ＣＭなどでもおなじみなので、ご存じの方も多いと思います。

これは、２０１２年11月から本格的にスタートした、ネスレのプロモーション戦略の一環で、まれに見る大ヒットプロモーションとなりました。

アンバサダーとは、職場にネスレのコーヒーマシンを設置することなどを条件に、ネスレからコーヒーマシンを無料で借り受ける人を指します。つまり、ネスレのコーヒーをアンバサダーがいるそれぞれの職場で楽しんでもらうための仕組みというわけです。

アンバサダーになるには、簡単な選考がありますが、基本的には応募者のほぼ全員がアンバサダーになれます。とはいえ現在、その数は28万人超えというから驚きです。

その背景には、個人が代表して導入するという形態があります。これにより職場のコミュニケーションにもつながるとの二次的効果もあって、想定を大きく上回る人数へと広がっているのだといいます。

またアンバサダーには、特典としてイベントへの参加やさまざまなツールなども提供されることが、ちょっとした優越感や楽しみにもつながっているようです。

さらにネスカフェは、アンバサダーを促進するために、社内プレゼン用の説得キットなども提供するといった用意周到なサポートを構築しています。

ここで注目したいのは、やはりネスレがつくり上げた仕組みです。

要は、自社の広報・営業活動を社員ではなく、顧客側（アンバサダー）にやってもらうという仕組みのわけです。

顧客であるはずのアンバサダーが自主的に喜んでネスレの商品を宣伝し、発注するといった活動をします。これは、顧客のクチコミ力をうまく仕組み化した制度といえます。どことなく、宝塚の仕組みとも通じる部分があるように思いませんか。

今後、企業は顧客を単なるファン化や会員化するにとどまることなく、こうした仕組みとして機能するシステムを戦略として取り入れていくことが求められています。

成功の戦略②

ブーム再燃！「新日本プロレス」復活の戦略

皆さんは、昨今のプロレスブームをご存じでしょうか。現在40歳を超える方は、80年代の前半にあった「金曜夜8時」の新日本プロレス黄金ブームをご存じの方も多いことと思います。しかし2000年代に入り、長らくプロレス業界は氷河期時代を迎えることになります。ところが、ここ5〜6年でジワジワと盛り上がりを見せ始め、この2、3年でその人気が本物であることを証明したといえるでしょう。

その再燃したプロレスブームは、厳密にいえば〝新日本プロレス〟のブームといえます。90年代前半のようにプロレス市場全体のブームというよりは、新日本プロレスの1人勝ちといったほうが表現としては正しいでしょう。

ここからは、そのブームを巻き起こした新日本プロレスの復活の戦略について解説していきたいと思います。この背景にもやはり、孫子やランチェスター法則的なエッセンスが見て取れます。

新日本プロレス復活の背景

毎年1月4日に東京ドームで開催される「イッテンヨン」は、新日本プロレスのビッグイベントとして、プロレスファンの間では広く認知されています。

2018年の観客動員数は、3万4995人ほどの大観衆を集めました。この「イッテンヨン・ドーム大会」は、1992年から毎年続けられていますが、主催者発表で観客動員が3万人を越えたのは2015年以来3年ぶりとのこと。2013年は、観衆が2万9000人、2014年が3万5000人、2015年は3万6000人。2016年は2万5204人、昨年2017年が2万6192人。そして今年は前年から一気に8800人増で3万人越えということになります。

※過去2006年～08年くらいまでは水増し発表でも3万人を切り、2009年以降は4万人台の発表もあるが、これも水増しされた数字。

ちなみに「イッテンヨン」は、ツイッターではハッシュタグ「＃ｗｋ12」を適用したそうですが、これがなんと世界のトレンドで1位を記録したといいます。新日本プロレスのハッシュタグ「＃ｎｊｐｗ」と合わせると、同大会中はとんでもない数のリアルタイム・ツイートがなされたことになります。

ただし、こうした大会場だけでなく、地方大会や小さな会場でも満員記録を更新しているとのことで、会場を目視で確認しても超満員だと聞きます。この人気はもはや疑いの余地はないでしょう。

では、一時はどん底まで転げ落ちた新日本プロレスが、なぜ復活することができたのでしょうか。

まずはその要因を洗い出してみましょう。

一番にいえることは、どん底を知り、そこを認識することから目を背けなかったことが挙げられます。

実際、過去の成功体験が忘れられず、状況の変化を認識できない例はよくあります。いつまでも自分たちは強者であるといった意識があるうちは、絶対に復活など望めません。

ただ、これは新日本プロレスに限らず、どの企業にも当てはまることです。

本当は認識していたとしてもそれを認めたくない。世間に対する見栄もあるでしょう。しかし、新日本プロレスは、そのことをしっかり認識したところから再スタートを切りました。

ただし、それができた背景には、もう1つ大きな要因があったのも事実です。

2012年、カードゲーム会社「ブシロード」が親会社として新日本プロレスを買収したことです。新日本プロレス自体は、それより以前の2005年より、ゲームソフト会社ユークスの株式50％以上の取得によって子会社化されていました。その株式をブシロードが買い取った形での買収です。

買収と聞くとどうしてもネガティブなイメージでとらえられますが、これは決してネガティブな買収ではなく、むしろ友好的なポジティブ買収であったといえます。結果として新日本プロレスは、それまでの個人商店から、本当の意味での企業へと生まれ変わりました。

いわゆる中小零細企業が個人商店体質から企業へと体質が変わり、飛躍的な成長を遂げた例は枚挙に暇がありませんが、新日本の場合もご多分に漏れずといったところでしょう。

これ以外にも要因は多々挙げられます。その具体的な7つの戦略を孫子×ランチェスター法則の視点から斬り込んでみたいと思います。

新日本プロレスが復活した7つの戦略

①身の丈に合った会場から再スタート
～1つ1つの会場を確実にフルハウスに！～

不況期とはいえ、新日本プロレスは業界においては最大手のリーダー企業です。いってみれば業界の盟主であり、黄金期も何度も経験しています。その意識が邪魔してか、会場を縮小するといった発想や地道な営業活動といったことがおざなりになっていました。

しかし、そこに気づき、背伸びすることなく、目の前の会場を満員にしていくことに思考を切り替え、全力プロモーションを仕掛けたことは、非常に大きかったといえます。

例えば、東京近郊のタイトルマッチであれば、それまで両国国技館や日本武道館、横浜アリーナといった1万人以上収容できるビッグ会場で開催されてきました。

それを2000人規模の後楽園ホールでも行うといった、これまでは考えられない方針を打ち出したのです。

当時の状況は、もはやブランド価値が下がるといった見栄やプライドなど気にしている状況ではありませんでした。この意識変換をしなければ生き残っていけなかったのです。

実際、後楽園ホールでさえ満員にすることに苦戦していたので、ここでのタイトルマッチ開催は賢明な意思決定であったといえます。まずは身の丈に合った会場を1つ1つ満員にしていく。ここに注力していきました。

②顧客接近戦！　徹底した地域プロモーションの実施
～地方でのドブ板営業の実践～

業界の盟主として、また新日本プロレスである以上、チャレンジは必要ですが、それは足元がしっかり固まっての話です。このことを認識し、小さな会場や地方大会でも全力プロモーションを行ったことは、後々大きな成果となって返ってきました。

また、現在のエースである棚橋弘至選手をはじめとする選手自身が地方大会のプロモーション（ファンとの交流やイベントなどの参加）に積極的に協力したことも大きかったといえます。

今の時代、プロレスに限らず、いついつこの会場で試合をやりますと、ただ告知するだけではお客さんを集めることは困難です。告知だけで集客できるほど甘くはありません。そのことに気づき、積極的にプロモーションを仕掛け、１つ１つの会場に人を集めていったことは、まさに**各個撃破**であり、局地戦における**顧客接近戦**といえるでしょう。目の前の会場を満杯にできずに、その次があるはずがない。その心意気で取り組んでいったのです。この地道な活動は、即結果に現れるものではありませんが、ジワジワと効いていったのです。

ただし、１つだけこだわったのは、年に1度の1月4日東京ドーム大会の継続でした。これは相当な背伸びではありましたが、このいい意味でのやせ我慢は世間に発信していくには有効であったといえるでしょう。当時のプロレス業界は負のスパイラルに陥っていたので、常識的にはドーム大会の開催を継続することは無謀といえます。

しかし、業界内では新日本プロレスは強者です。業界をこれ以上停滞させないための意地にも見て取れました。この部分だけは理論や理屈ではなく、創業者であるアントニオ猪木氏のＤＮＡなのかもしれません。

③ファンを裏切らない！　ファンの声と真摯に向き合う
～プロダクトアウトからマーケットインの体質へ～

復活する数年前の新日本プロレスは、明らかに方向性を見失っていました。その当時ブームとなっていた総合格闘技路線に踏み込んでみたり、米国の女子プロレスラーとトップ選手の試合を組んでみたり、総合格闘技ルール？　のバトルロイヤルを行ってみたりと、正直、誰の目から見ても迷走していました。

また、すでに発表していた試合カードを直前で変更、招聘《しょうへい》選手のドタキャンが相次ぐなど、ファンを裏切る行為が続いたのもこの時期です。これは、当時のオーナー（猪木）の鶴の一声といってしまえばそれまでですが、現場自体も自信を失っており、その要求を拒むことができなかったようです。

現場の混乱ぶりや方向性の定まらない状況は、まさに理念や使命感を失い、目先の利益の追求だけに走る企業を彷彿《ほうふつ》とさせます。とはいえ、この状況では逆に利益も出ないのですが……。

少々辛口となってしまいましたが、私自身も熱烈なプロレスファンであるので、この当時の状況は今でもよく覚えています。新日本プロレスは、いわずと知れたアントニオ猪木氏が設立した団体（会社）です。つまり、猪木信者といわれる熱狂的なファンによって支えられてきた長い歴史があります。ゆえに猪木氏の言葉は絶対であり、そこに背を向けることは団体を離脱することを意味します。

とはいえ猪木信者や新日ファンは、猪木氏が何をやってても容認したかというとそうではありません。それは、猪木氏が現役時代であっても同様でした。当時も猪木氏がファンの望まぬ突然のカード変更や路線変更をした時は、観客は暴動という過激な形でやはり「NO」を突きつけました。手段はどうあれ、それだけファンも本気だったということです。

話を戻しますが、そんな状況にあったので、新日本プロレスのファンは、純粋なプロレスの試合を求めていたのです。もちろん、新日本プロレスが、旗揚げ時から標榜している「キング・オブ・スポーツ」「ストロングスタイル」という理念は踏襲《とうしゅう》しつつ、猪木氏に振り回されないストーリー展開や流れを、試合に渇望《かつぼう》していたのかもしれません。

それが市場ニーズであり、顧客の声だったのではないでしょうか。

かくいう私自身もそんな心境でしたので、新日ファンは同様だったと容易に想像できます。

ちょうどその時期に、新日本プロレスの株式を50％以上取得し、事実上の子会社化を図ったのが、前述したゲームソフト会社のユークスでした。ここから本当の意味での新日の企業化がスタートしていきます。1オーナーの個人商店から企業へと……。

ここでコミットされたのが、発信側からの一方的なカード編成や突発的な展開ではなく、本来の新日本プロレスのあるべき姿、ファンを裏切らない真摯《しんし》な姿勢でした。

④自社内の個性豊かな選手たちの台頭！
～これまでの外敵（他団体の選手）に依存する体制からの脱却！～
⑤世代交代の成功とイケメンレスラーの成長！
～若い選手たちの人気・実力の上昇！～

ユークスに買収された2005年前後から、新日本プロレスから離脱者が相次ぎました。それまで新日を支えていた藤波、長州、闘魂三銃士（蝶野選手は徐々に）の姿は観られなくなっていました。

逆にこのことが、選手の新陳代謝を図るきっかけともなり、新たな路線を実行しやすくなったのも事実です。期せずして世代交代が図られ、エースとして台頭してきたのが、現在でも不動のエースとして奮闘する「棚橋弘至」でした。さらに総合格闘技のマットでも通用する実力派の「中邑真輔」（現在はＷＷＥ）、雑草といわれる苦労人「真壁刀義」、荒武者「後藤洋央紀」、後のロス・インゴ・ベルナブレス・デ・ハポンの「内藤哲也」などが、それに続きました。現在はこれに加え、レインメーカー「オカダ　カズチカ」や「飯伏幸太」といった若く実力もあるイケメンスターが揃っています。

こうしたことから、子供や女性層の取り込みにも成功しています。

このことが意味するのは、内部（自前）の選手だけでも十分お客を呼べるということです。低迷していた時期は、自前の選手ではなく、ビッグマッチでは必ず外部の選手、いわゆる外敵に頼っていました。これはこれで刺激があって面白いのですが、やはり団体としての底上げや骨太の体制にしていくには、内部の選手が育っていかないと先がありません。

そうした意味では、これまでのストロングスタイルだけにこだわらず、選手１人ひとりの個性に、よりフォーカスし、自前の選手に力を入れていったことは大きな決断であり、賢い選択です。

ランチェスター的な視点でいえば、**「弱者は自力で売り切る力を持て！」**の実践です。

また、それぞれの選手が持つ強みをより〝キャラ立ち〟させたことも成功の要因といえるでしょう。

そして何より大きかったのは、選手1人ひとりが危機感を持ち、自分たちでお客を呼ぶという強い意識を持って取り組んだことではないでしょうか。企業として見た際、これほど頼もしいモノはありません。なんとかしてここから這《は》い上がってやろうというベクトル合わせが、無意識の中、芽生えたのかもしれません。

⑥秀逸なメディアミックスとプロモーション
〜カードゲームや過去のコンテンツの発信、現役選手のメディア露出！〜

そして、2012年1月、トレーディング・カードゲームの開発・販売を手掛ける株式会社ブシロードがユークスから新日本の株式100％を取得し、新たな親会社になったことで、改革はさらに加速していきます。

ブシロードはプロレスのカードゲームを開発し、自社のテレビCMに新日本の選手を起用することでファン層を拡大していきました。さらにJRや東京メトロなどで大々的な広告戦略を展開し、世間に対しても新日本プロレスを露出していきました。

また、動画配信サービスも強化し、国内だけでなく海外にも発信。過去のアーカイブコンテンツに関しても発信する環境を整えるなど、ファン層の拡大にさまざまなメディアプロモーションを仕掛け成功させたことも、人気復活の大きな要因といえるでしょう。

選手たちの地上波バラエティ番組への定期的な出演なども その1つです。

⑦ストーリー性のある展開。ファンと一体になる決め台詞 〜ビッグマッチまでの流れとシリーズ展開と締めの一体感〜

試合終了後は、それまでの新日であれば「1、2、3、ダァッーー!!」で締めくくられるのが1つのハッピーエンドの形でした。しかし、これはあくまでもアントニオ猪木の決め台詞です。これを模倣していては、いつまで経ってもオリジナルを超えることはできません。

実は、棚橋選手はこのセリフをオリジナルのカラーに塗り替えてしまったのです。

試合に勝った後、リング中央で「愛してま〜す!!」の絶叫がそれであり、その後のエアギターも、これまでの新日本のリングでは、観られない光景でした。この目の前に広がる観たことがない光景は、当初ファンから受け入れられなかったのですが、やがて棚橋選手の愚直なまでのプロレス愛にファンは心を打たれていくのです。試合後に花道を戻る際に

新日本プロレス復活のポイント

①重点化の原則：ここという戦う場を決める！

↓

プロレスのど真ん中にしっかりと軸足を置く

②集中化の原則：資源の一点集中！

↓

身の丈に合った会場からの再スタートと
その会場を満員にすることに全力投球

③顧客ファーストの原則：何をおいても顧客視点！

↓

ファンを裏切らない、ファンの声と真摯に向き合う

④スピード力の原則：常に早いものが勝つ！

↓

出し惜しみしない常に旬な対戦カードの提供

⑤自前主義の原則：主導権を握るものが勝つ！

↓

SPAモデル＝自前主義
（道場での選手育成、興行システム、外敵頼りからの脱却など）

⑥情報発信力の原則：情報を制するものが市場を制する！

↓

秀逸なメディアプロモーション戦略及び選手のSNS活用

⑦人財力の原則：「人」こそ最大の差別化なり！

↓

道場での選手育成システム、選手の個性を重視、
バラエティに富んだユニットの編成

は、ファンとハイタッチをし、リング下を一周、女性ファンとハグし、子供のファンを抱っこして笑顔で記念撮影……本当にお客さんを大切にしている姿が見て取れました。

また、今の新日本では、ほかの選手も同様の決めゼリフを持っています。

今は、新日を離脱し、世界NO．1のメジャー団体WWEで活躍する中邑選手の「ヤ～オッ!!」、内藤選手の「トランキーロ！　あっせるなよ！」そして、レインメーカーことオカダ選手の「金の雨が降るぞ～！」など、今や観客は勝った選手と一体となって叫ぶことが恒例となっています。

まさにファンとの一体感によるエピローグは次回への期待感を高め、リピーターの促進に成功しているといえるでしょう。


さて、現在の新日本ブームを語る上で欠かせないのは、なんといっても棚橋弘至選手の強烈なリーダーシップ力ではないでしょうか。棚橋選手は自らを「エース」と称し、常に全力ファイト、全力プロモーションを実践し、おのれの肉体を酷使し続けました。棚橋選手は、決してファン（顧客）から望まれたエースではありませんでした。それまでの猪木プロレスに慣れ親しんだ新日ファンからしてみれば、そのスタイルは異質であり、決して受け入れられるものではありません。したがって、当初は会場のあちこちからブーイングが飛び交っていました。

自分の団体（会社）を良くしていこうと一生懸命取り組んでいるのに、ファンからはブーイングが飛ぶという、なんともやるせない状況が続いたのです。普通の人間なら腐ってしまいますが、棚橋選手もこの時期、さすがに心が折れかけたといいます。しかし、自分がやらなければ、いったい誰がやるんだという強い使命感がそれを許さなかったといいます。

誰に何を言われようと、自分の信念を貫き、絶対にこの会社を復活させてやる！

この覚悟が自らを「エース」と称し、全身全霊でわき目も振らず、一所懸命に取り組む原動力となったのでしょう。人が何かに向かって本気で取り組み、それを徹底してやり切っている姿を見た時、人の心は間違いなく動いていきます。

そう、棚橋選手の愚直なまでの姿に観客や周囲は心を動かされたのです。

もちろん棚橋選手1人だけでこの復活劇を成し遂げたわけではありませんが、間違いなく彼のがんばりが原動力となり、現在の再ブームへとつながったのだと思います。

私たちビジネスパーソンが、ここから学ぶべき点は非常に大きいのではないでしょうか。

経営者は言わずもがな、とくに管理職やリーダークラスの方々には是非とも見習って欲しいと思います。最後はやはり、「人」なのだと。

皆さんも、今の状況が思うようにいかない、会社がトンネルから抜け出せないからといって腐ってはいけません。今できること、必要なこと、場合によってはこれまでの固定概念をすべて捨ててでもやらなければいけないことを考えてください。そして躊躇《ちゅうちょ》することなく、踏み出していただきたいと思います。ただし、中途半端ではなく、徹底的にやり切ること。

その一足が道となり、その一足が道となるのだから……。

さらに今後のグローバル戦略を見据え、２０１８年5月に元タカラトミーで社長を務めたプロ経営者ハロルド・ジョージ・メイ氏が社長へ就任しました。新日からはますます目が離せません。

成功の戦略 3

マーケティングはやらない！「スノーピーク」の接近戦略

アウトドアやキャンプブームといわれる昨今、皆さんは、「スノーピーク」という会社をご存じでしょうか。市場での生き残りをかけ、ビジネスモデルやビジネススキームを見直すことで、縮小する市場環境を乗り越え、さらには会員制のビジネススタイルを戦略的に取り込み成功させています。それが、アウトドア用品メーカー・スノーピークです。

このスノーピークの戦略もじっくり見ていくと、やはり、7つの原則が当てはまります。

スノーピークについて

スノーピークというブランド名は、アウトドアが趣味の人ならご存じかと思いますが、テレビ東京の番組「カンブリア宮殿」に取り上げられたことや2014年12月にマザーズ上場を果たしたことで、その存在を知った方も多いのではないでしょうか（現在は東証一部）。

社員数（322名。年商約99億円（※2017年12月末時点）のスノーピークの創業は1958年。現在の社長である山井太氏の父・幸雄氏が、山井幸雄商店という金物問屋を開いたのがその歴史の始まりです。しかし、登山が趣味であり、当時の登山用品に不満があった幸雄氏自身が、オリジナル登山用品や釣り具を開発したことから、アウトドア・レジャーメーカーとして事業を拡大していったといいます。

その後、1996年に幸雄氏の長男・太氏が3代目の社長に就任したことで、現在の株式会社スノーピークとなります。就任当初は、キャンプブームも手伝って収益を順調に伸ばしたといいますが、90年代前半にオートキャンプブームが収束してしまい、減収減益の長いトンネルに入っていきました。

売上が低迷したこの時期、「すべての答えは顧客が持っている」という信念に基づき、山井社長をはじめ社員全員が自らお客さんの声に直接、耳を傾ける場を設けるという奇策に出ます。いわゆる「スノーピークウェイ」です。

この「スノーピークウェイ」というのは、お客さんとスノーピークの社員が2泊3日でキャンプを体験するといった、まさに顧客と寝食をともにするイベントです。もちろん、山井社長自らも参加します。ここから上がってくるお客さんの声はリアルな生の声です。

実際にお客さんの声に耳を傾けると、

「スノーピークの商品はすごく良い。だけどちょっと高過ぎる」

「モノは良いのだが、価格が……」

おおむねこんな意見に集約されたといいます。

つまり製品の品質は評価されているのですが、それと同時に価格も高いといった声が大半を占めたのです。

そこで山井氏は、流通経路（販路）を見直すことに着手します。というのは、自社の商品がお客さんの手元に届くには、問屋を通さなければならない慣習があったからです。問屋から小売での販売となるため、その分がどうしても価格にはね返ってしまいます。それなら問屋を通さずに販売すれば、よりお客さんに安く商品を提供することが可能なはず。

山井氏はさっそく販売網を整理し、問屋との取引をやめることに着手しました。業界の慣習を考えると、問屋を通さないことは流通経路を自ら閉ざすようなものですから、非常にリスクも高かったはずです。とはいえ、これをやらねば顧客の声に応えることはできません。スノーピークは徹底した川下戦略を実践していくことに舵《かじ》を切りました。

これによってスノーピークは品質を維持したまま価格を下げることを実現し、これまでのイメージを払拭《ふっしょく》していくことに成功します。

こうしたユーザーと社員が交流する「スノーピークウェイ」は、山井氏や社員も気づかなかったこと、薄々気づいていても確信が持てなかったことなどを確認できる場として、なくてはならない戦略上の軸となっていきます。

ちなみに「スノーピークウェイ」は、現在も工場、本社、ストアを併設したスノーピーク直営キャンプ場を中心に全国各地年6回（98年より）開催されています。年間参加者は約5000人。まさに「会いにいける会社」そのものといえます。


山井氏は、「スノーピークウェイ」こそが、製品開発の源泉と位置づけています。つまり、顧客との接近戦を自社の仕組みとして取り込んでいるわけです。が、その場で何かを売るといった接近戦ではなく、直接の対話による接近戦というリレーションづくりの場として実践しているのです。

スノーピークの商品が高くても支持されるわけ

問屋を通さないことで価格が安くなったとはいえ、通常のアウトドア用品に比べるとスノーピークの商品はやはり高い！　しかし、高くても支持される裏には、確かな品質がそこにあります。

例えば他社製で9800円や1万9800円で売られていたテントがスノーピーク製では16万8000円で販売されています。**確かに高い！**　しかし、それが売れているのもまた現実です。

その理由は、ある程度アウトドアの経験があるユーザーは、多少高くても、スノーピークの製品であれば丈夫で長持ちすることを知っているからです。安くても数回で駄目になってしまう製品より、相場より高くても、むしろスノーピーク製のほうが安いといえるくらいなのです。

また、スノーピークは商品開発力にも非常に長《た》けています。

例えば、近年芝生を焦がすといった理由から地面で焚火《たきび》をすることが禁止されたキャンプ場が増えています。キャンプに来ても焚火ができない、あるいはキャンプファイヤーができないのでは楽しみも半減してしまいます。

それらを解決するために、スノーピークでは焚火ができるステンレス台を開発しました。これはユーザーのニーズを見事にとらえ、今なおロングセラー商品として売れ続けています。

スノーピークでは先にも記したとおり、「スノーピークウェイ」などを通じ、徹底してユーザーの立場に立った製品開発を行っています。また自社や敷地内のキャンプ場で、何度もフィールド実証実験を繰り返すことで、より良い品質の製品をつくり出しているのです。

さらに付け加えると、経年劣化やユーザー自身の過失などを除いた永久保証制度を敷いています。これは故障やテントの破れなど、ほぼすべての製品が同社のアフターサービスとして修理されることを意味します。「良い物を長く」「捨てない＝エコロジー」の提案にもつながっているのです。

高品質で高いサービス。それが商品の価格へとはね返っているのですが、要はその価値を感じている顧客がスノーピークのお客さんになるわけです。

マーケティングをやらない「スノーピーク」

それでも山井社長は、「うちはマーケティングは一切やらない」と言い切ります。

ここまでお読みいただき、読者の皆さんはどう感じられたでしょうか？

果たして、スノーピークは、本当にマーケティングをやっていないのでしょうか？

正直、これは「ＮＯ！」と言わざるを得ません。

スノーピークは、どこよりもマーケティングを熱心に取り入れている企業といえます。

それを何より雄弁に物語っているのが、先にも取り上げた「スノーピークウェイ」です。

マーケティングの基本は、顧客ニーズへの適合です。

これは差別化以前に、まずはとらえておかねばならない基本中の基本です。

ニーズへの適合というのは、潜在ニーズの掘り起こし、ニーズ喚起といったものも含みます。したがって顧客の声、市場の声に真摯に耳を傾けることが非常に重要となってきます。

さらにマーケティング活動とは、顧客を創造していく活動を指します。

その意味において、「スノーピークウェイ」はマーケティング活動上、何よりも重要な

スノーピーク成功のポイント

①重点化の原則：ここという戦う場を決める！

↓

高価格帯のアウトドア市場へ重点特化

②集中化の原則：資源の一点集中！

↓

自社内及び燕三条地域での共創戦略

③顧客ファーストの原則：何をおいても顧客視点！

↓

「スノーピークウェイ」による究極の顧客接近戦の実践

④スピード力の原則：常に早いものが勝つ！

↓

徹底した内製化

⑤自前主義の原則：主導権を握るものが勝つ！

↓

地元工場との連携、問屋を通さない直営店および社員による
直接販売の徹底。

⑥情報発信力の原則：情報を制するものが市場を制する！

↓

会員システムや「スノーピークウェイ」によるクチコミの誘発

⑦人財力の原則：「人」こそ最大の差別化なり！

↓

自前の人材育成主義及び直営店、インショップへの正社員投入

ことを実践している場であり、まさに究極のマーケティング活動そのものといえます。

山井氏が、どのような意図でこの表現（「マーケティングはやらない」）を語ったのかは、実際にはわかりません。おそらくその裏には、リサーチなどの調査やデータからでは顧客のニーズは読めない、需要を掘り起こさなければならない、あるいは競合ばかり見ていてもそれ以上のモノは生み出せない、といった意味だと思います。実際、データだけで判断していたら、おそらく17万円のテントは生まれてこなかったのではないでしょうか。

スノーピークはむしろ愚直に真のマーケティングを実践している企業の1つといえると思います。

ちなみにスノーピークは2011年、本社機能をそれまでの三条市三貫地から同市中野原に「HEADQUARTERS」として拡張移転しています。

この「HEADQUARTERS」はオフィス、工場、アフターサービスルーム、ショップ、キャンプ場を備え、スノーピークが顧客満足を具現化するための戦略的拠点となっているのです。計16万5000㎡の広大な直営のオートキャンプ場では、製品をレンタルしてキャンプすることも可能です。

ファンこそ新しいファンを呼ぶ

スノーピークは会員システムを構築しており、現在の会員数は約10万人。1年間の購入金額によって6つのランクを設けています。実はロイヤルカスタマーとして位置づけられる約6000人の会員による購入が、全社売上の4分の1を占めています。

会員システムの内訳は以下のとおり。

〈サファイア会員〉
・2018年4月新設／累計300万円の購入
〈ブラック会員〉
・累計100万円の購入／約600人
〈プラチナ会員〉
・年間30万円の購入／約5500人
〈ゴールド会員〉
・年間20万円の購入

〈シルバー会員〉
・年間10万円の購入
〈レギュラー会員〉
・登録のみ

つまり、ブラック会員とプラチナ会員の2つの階層の顧客が売上の4分の1を占めているのです。スノーピークの商品は、アウトドア好きが1度使用すると、その品質の高さからファンになりますが、会員の階層によってそのサービス内容も当然変わってきます。

要するにファンをより熱狂的なファンへと導いていくための会員サービス制度がしっかりと構築されているのです。

広く顧客を取っていく戦略は、成熟市場においては非常に難しい戦略です。今の時代、企業が長く生き残るためには、一部の熱狂的ファンをいかに囲い込むかがカギとなります。そして、この層がどこの誰なのか？　このターゲティングが大きなポイントといえるでしょう。

まずは自社の商品はどこの誰のために存在するのか。ここを明らかにすることです。

スノーピークの戦略を知れば、成熟市場における具体的なヒントを見つけ出せるのではないでしょうか。

またスノーピークは、製品づくりに地元「金物の町」燕三条の約50社の協力を得ています。これは自社だけでなく、地元企業全体が活性化し、元気にならなければならないという考え方に基づいています。

今後も地域の産業を衰退させないために必要なことは、地域内での「競争力」ではなく、地元の技術を活かした「共創力」だということです。

従来の競争戦略の考え方では、企業は勝つか負けるかのしのぎを削る競い合いをするものとされてきました。ところがスノーピークを見ると、競合は「競争」相手ではなく、「共創」相手としてとらえられることを教えてくれています。

特定の地域や業界では昔から実践されている概念かもしれませんが、競争戦略の概念としてこの「共創」を位置づけることは、ある意味新しいことなのかもしれません。

こうした発想を持つことは、今後の戦略を思案する上でも非常に有効といえるでしょう。

キッチン用品メーカー・オークスの場合

燕三条《つばめさんじょう》という地域は、スノーピークをはじめとする古くて新しい⁉　モノづくりの会社がたくさんあって興味をそそられます。

その中の1つにオークスという会社があります。こちらをご存じの方はそれほど多くはないかもしれません。

創立は1954年。90年に社名を現在のオークスへと変更。2010年に就任した現在の社長が3代目となります。

この会社の特長は、主婦の目線から「ちょっとあったらいい」というインサイトを発見し、微差を大差へと昇華していく商品開発力。さらに地域・地元企業間での連携による三方よしの精神を実践しているところにあります。

「ゆびさきトング」、「スチームグリル」、「計量みそマドラー」……etc。

これらの商品は、女性の視点で企画開発し、ヒット商品となりました。

また、爆発的ヒットとなった「生姜レシピ」とセット販売した「おろしスプーン」、「グリルピザプレート」などは、従来の販路ではなく、柔軟な発想から書店という新たなチャネルの開拓により生まれた、まさに切り口の勝利ともいえる商品です。

こうしたアイディア商品は、どのように生まれるのか。実は以前に、私が社長である佐藤俊之氏に直接質問したところ、明確な答えを示してくれました。

「誰でもできることだけど、ほとんどの人がやっていない。その簡単なことを徹底することが、小さな〝差〟を生む。その〝微差〟が〝ちょっとした感動〟を生み、やがて〝大差〟となり、顧客からの熱烈な支持へとつながる」

なるほど、ともすると見逃してしまうような些細《ささい》な不便さや、あったらいいなと思っても実際はなくてもそれほど困らない……こうした日常のちょっとした出来事にアンテナ感度を高め、そこに目を向けたことで、これらの商品が生まれたというわけです。

今でこそ当たり前のように本屋さんで、本以外のモノが売られています。

ただオークスが「おろしスプーン」を販売した当時は、まだまだそういった文化は定着していませんでした。スプーンを売るのだから、キッチン用具の問屋に卸すのが当たり前。この固定観念を疑うといった視点が、他との「差」を生んでいきます。

これまで当たり前と思っていたこと、常識。まずはこうした思考をいったんリセットしてみることです。佐藤社長は、こうも続けます。

「ちょっといい、でもすごくいい！　この顧客のインサイトを見つけ出し、具現化できるところに、他社が追随できない大きな優位性がある」

スノーピークもしかりですが、マーケティングリサーチからは決して浮かび上がってこない真の顧客ニーズをとらえるというところが、企画開発や販売戦略の強さといえるのではないでしょうか。

成功の戦略④
アンタッチャブルへの挑戦！「ライザップ」のコミット戦略

「結果にコミットする！」で知られるパーソナルトレーニングジム「ライザップ」。CMの影響力もあり、ここ数年で急激にその知名度を上げている会社です。ライザップの指導の下、2か月間みっちりトレーニングに励むと、どうやら痩《や》せられる、あるいは理想のボディを手に入れられるらしい。こういった情報はなんとなく入ってくるのですが、ライザップという会社の実態やそのビジネスモデル、企業戦略についてはあまり知られていないのではないでしょうか。実際のところ、そのサービス内容や実態はまだまだ多くの謎に包まれています。そんなライザップの戦略について掘り下げていきたいと思います。

「今年こそはダイエットをするぞ！」等の目標を立て、最初はランニングやウォーキング、スポーツジムで有酸素運動や腹筋などがんばってみるものの、ひと月もすると何かと理由をつけてサボってしまい、徐々にやらなくなってしまう。せっかく入会し、会費も払っているスポーツクラブからも足が遠ざかってしまう。こんな経験は皆さんも一度や二度あるのではないでしょうか。

「うんうん」「あるある」…とうなずいたあなた！

ズバリ！　ライザップは、こんな方々をターゲットにしてビジネスを展開しています。

したがってその需要はとてつもなく大きいことに気づかされます。

「結果にコミットする！」ライザップの戦略とは!?

ライザップを運営しているのは、RIZAPグループ株式会社（運営は子会社の「RIZAP株式会社」）ですが、もともとは、「健康コーポレーション株式会社」という会社でした。

「RIZAP」の成功後、2016年7月に会社新設分割による純粋持株会社へ移行し、商号を「健康コーポレーション株式会社」から「RIZAPグループ株式会社」に変更し、現在そのグループ企業はまさに急拡大中というわけです。

※その後、新たに「健康コーポレーション株式会社」を設立（現連結子会社）。
※RIZAPは、2010年に設立された「グローバルメディカル研究所株式会社」がその前身（現RIZAP株式会社／グループの連結子会社）。

グループの前身である「健康コーポレーション」という会社は、「豆乳クッキーダイエット」という商品のヒットで2006年に株式上場を果たした企業です。現在は、家庭用超音波美顔器「エステナードソニック」や、どろ豆乳石鹸「どろあわわ」がヒット商品としてラインナップされています。そのほか、マタニティウェア等の通信販売なども行っており、そのコンセプトにあるのは、そもそもは「健康」や「美容」といったキーワードです。そして、これらの事業と同時に行っていたのが、ボディメイクジム「RIZAP」の運営でした。

RIZAPグループの事業を整理すると、

・美容・健康関連事業
・アパレル関連事業
・エンターテイメント事業
・住関連ライフスタイル事業

具体的には、

・美容・健康系：美顔器「エステナードソニック」、石鹸「どろ豆乳石鹸どろあわわ」等の通信販売。
・ボディメイクジム「ライザップ」の運営。

・アパレル系：マタニティウェア、ベビーウェア、レディース通信販売等。

近年では「ジーンズメイト」を買収。

・ライフスタイル系：インテリア雑貨販売、オーガニックコスメブランド展開。

・エンターテイメント系：ゲームセンター、ボウリングセンター、複合型施設（シネコン）展開等。

また、2016年には、書籍出版による新たな収益源創出と業容拡大を目的に「株式会社日本文芸社」を子会社化（現連結子会社）。出版事業も手掛けている。

いかがでしょう？

パッと見ても、かなり幅広く事業を手掛けていることがおわかりになるのではないでしょうか。

健康コーポレーションがライザップを正式にスタートさせたのは、2012年4月。そもそも健康コーポレーションの瀬戸健社長自体が個別指導のトレーニングを受け、ダイエットに成功した体験がきっかけだったといいます。

サービス開始当初は富裕層をターゲットとし、高級マンションへのポスティングや

ＷＥＢ・雑誌媒体への広告を中心とした販促展開を行ったといいます。いわゆるセレブ向けのダイエットという、割と世の潮流に乗った形でのスタートでした。

しかし実際には富裕層よりも、一般的な中年会社員のほうが関心が高いことがわかります。

また20〜30代の女性層も予想よりも大きな反響があったことから、当初のターゲット層から、一般の中年男性会社員および20〜30代のダイエットに関心のある女性層へとターゲットを切り替え、マーケティング戦略を展開していきました。中でもとくにインパクトを与え、一般層へその存在を広く認知促進させたのが、２０１４年のＴＶＣＭです。

このＣＭは、いわゆる「ビフォー」「アフター」を見せることで、その効果をわかりやすく演出したものでした。とくに２０１５年1月からスタートした俳優の赤井英和氏のＣＭは大きな反響があったといいます。問い合わせ件数は月３０００から２００％以上の７０００件へと急増したというから驚きです。これにより50代以上の男性からの問い合わせが増えたことで、男性比率を上げることにも成功しました。

誰もが持つ痩せたい欲求を満たす！

その後もライザップ事業は順調に成長を続け、わずか3年で売上100億円を達成、国内の店舗数は全国124店舗、海外5店舗、累計新規獲得会員数は11万人以上（2018年6月時点）。1か月1000人以上のペースで新規会員を増やし、現在も500人以上が「順番待ち」をしている状態だといいます。

ライザップは今後「日本から生まれたトレーニングブランド」として、自己投資ビジネス世界NO．1を確立するという目標を掲げています。確かに、誰しもが持つ欲求を満たす「ダイエット・ビジネス」という分野で、その結果や成果がわかるサービスを提供するライザップであれば、この目標も不可能ではないかもしれません。

ではなぜ、こうも競合がひしめく分野で、ライザップは頭一つ突き抜けることができたのでしょうか。

もうこの何十年も不変のニーズとして、ダイエットというテーマは存在します。これはある意味、成熟した社会において平和な世の中が続く限り、常について回る人々の強い欲求といえるのではないかと思います。

したがって、この分野は常に市場的にはニーズが存在します。ここである程度の差別化に成功すればビジネスは回っていくことも保障されます。ということは、逆にいうと誰しもが狙っているビッグ市場であることを意味します。要は競争が激しいスーパーレッドオーシャン市場というわけです。

一言でダイエット市場といっても、フィットネスクラブから食品、サプリメント、書籍、健康器具などかなり幅広く多岐にわたります。この中でライザップは、フィットネス市場の個人指導、すなわちパーソナルトレーナーというカテゴリーに位置します。ここもやはり、競合ひしめくレッドオーシャン市場です。しかし、この中でライザップは、差別化を果たしました。

その内容は、簡単にいってしまえば、ウェイトトレーニングと食事方法の2点です。

これは、ある程度のトレーニング知識がある方ならおわかりかと思いますが、ダイエットの王道であり、基本中の基本です。ただ痩せたいだけなら、食事制限と有酸素運動で十分です。そこにシェイプされたカッコイイ身体という条件を加えると、ウェイトトレーニングは欠かせません。また、ウェイトトレーニングをすることで、体のラインやカットにメリハリをつけられます。これのみならず、筋量を増やし、脂肪を燃焼させることで、新陳代謝の効果を促進させ、太りにくい（脂肪が燃焼しやすく付きにくい）体をつくることが可能となります。

ただし、この王道だけでは、差別化として成立しにくいといえます。要はどこも同じことを行っているからです。とはいえ、実際ライザップがこの王道を差別化として成立させたのは、やはりその戦術によるところが大きいといえるでしょう。

ライザップのビジネスモデルとは？

ライザップのビジネスを一言でいえば、「運動と食事制限によるダイエットの個別指導サービス」の提供ということになるでしょう。塾や英会話教室に個別指導、プライベートレッスンがあるように、フィットネス・サービスにも個人向けのサポートサービスがあってもいいだろうという発想から生まれたものといえそうです。

ただし、それだけなら今までも存在していました。フィットネスクラブなどで個人向けにメニューを作成し、トレーナーが食事面からトレーニング面までマンツーマンでサポートするサービスなどはその1例といえるでしょう。あるいは会員制フィットネスクラブのような事業モデルでなくても、個人トレーナーがやはり顧客向けにプライベート指導をするサービスというものも存在します。後者のサービスが一般的になったのは、比較的新しく、ここ10年くらいの歴史です。もちろんセレブやアスリート向けの個別指導は、もう少し昔にさかのぼるかとは思いますが。

こうしたトレーニング手法が日本で一般層へ広く知られるようになったのは、90年代後半、プロ野球選手やプロ格闘家などがシアトルで肉体改造という名目で指導を受けたことが広くメディアで紹介され、そのトレーナーが日本でジムを開いたことなどがきっかけではなかったかと記憶しています。

また、フィットネスの先進国である欧米では、こうしたパーソナルトレーニングは敏腕トレーナーがアスリートやハリウッドスターおよびアーティスト、一部のセレブ層向けに提供するサービスであり、一般層向けには、フィットネスジムなどにおいて、個別提供（オプションサービス）しているのが主流であると聞きます。

ところが日本ではフィットネスクラブで提供するだけでなく、そのサービスが一般の個人向けにダイレクトに広く広まっていったのです。その背景には、そこまで著名ではありませんが、しっかりとした知識とメソッドを身につけたトレーナー層が一般の個人向けへとサービスを展開していったことがあったといえるでしょう。

　したがってライザップ自体のビジネスモデルは歴史は浅いものの、すでに日本に市場として存在していたというわけです。しかし、なぜこうもライザップばかりが突出し、1人勝ちのような形で市場を席捲《せっけん》してしまったのでしょうか？　繰り返しになりますが、それこそがまさにライザップの戦術のうまさなのです。

ライザップの戦術力①

～「結果にコミットする！」という謳い文句～

「結果にコミット」という表現はなんとも言い得て妙です。この表現を、使いたくても使うことに躊躇してきたのが、これまでのフィットネス業界ではないでしょうか。

　本来どこも「必ず痩せます！」「結果を出します！」と言い切りたいところです。ところがいろいろな事情で、そうは言えないのが実情です。確かに、個人で運営しているパーソナルトレーナーの中には、近い表現を使っている人もいたようですが、ここまで大々的に広告宣伝で打ち出したのはライザップだけだったというのが実態でしょう。

それにしても、よくぞここまで言い切ってくれた！　と拍手を送りたいくらい気持ちの良いフレーズといえます。基本的には、2か月で結果を出す（出させる）というのだからすごいことです。

マネジメントの基本は、「具体的な成果」（ゴールイメージ）という目標設定と、「いつまでに」というデットラインの設定からスタートします。ライザップはそのマネジメントの基本を忠実に具現化した「わかりやすさ」が、顧客から支持を受けた最大の要因だったのではないでしょうか。

ライザップ入会者のダイエット完遂率は90％以上といいます。また、体重減の平均数値は11キロ。これを2か月で実践し、「結果」を出させることを行っているわけです。

この具体的な数字の持つ説得力も顧客を惹きつける大きな要素といえるでしょう。

ライザップの戦術力②

～ビフォー&アフターによるわかりやすさ～

一度あのCMを見た方ならおわかりになるかと思いますが、ライザップを実践する前と後の見せ方が絶妙で非常にインパクトがあります。これはまずは単純にわかりやすい。さらに、ここまでハッキリ宣伝するということは、おそらくウソではないという信憑《しんぴょう》性を高める効果があります。

通販の健康食品などでもこういった手法はしばしば用いられますが、やや説明が多く、一生懸命に企業側が、「本当に効くんですよ！」「信じてください！」「こんなデータもあります！　あんなデータもあります！」「専門家の先生がこんなことを言ってます！」といったエビデンスの嵐を盛り込むほど、視聴者からはかえって「本当かな？　言わされてんじゃないの？」とうがった目で見られ、不信がられてしまうのではないでしょうか。

逆にライザップにインパクトがあるのは、多くは語らず、あのインパクトのあるＢＧＭとビフォー＆アフターの映像だけで数十秒間のＣＭを流しているところなのかもしれません。また、芸能人の「ビフォー＆アフター」を何名も取り上げているのもインパクトに拍車をかけている要因の１つでしょう。

本当に久しぶりにＣＭの効果・影響力を見せつけられた気がします。「百聞は一見にしかず」、まさにこの言葉の意味を示す映像の妙技といえるのではないでしょうか。

ライザップの戦術力③

～自信があるから「30日間無条件全額返金保証」～

ライザップがもう1つ世間にインパクトを与えたのが、「30日間無条件全額返金保証制度」です。

これはサービス開始後30日間のうちに会員から申し出があった場合、料金を無条件で全額返還するという制度です。

要は、「満足できなければお金を返しますよ」ということです。こういった「返金制度」は、脱毛エステサロンや通信販売等では比較的よく見られますが、「フィットネス」というジャンルでは画期的な制度であり、「ここまで言い切る」ことは、企業側の強い意思表示とも受け取れます。

以前は、この返金制度に条件設定があったことで問題にもなりましたが、逆にコレをきっかけに「無条件」という項目も追記されました。

ちなみに以前は、妊娠・住所変更（引越）・病気等の自己都合については、「返還規定にあたらない」という条件があり、指導を守らない人（来ない、キャンセルする、食事内容

●ライザップシェイプアッププログラム

（1回50分×16回/2か月）298,000円（税別）
・入会金50,000円（税別）
※料金に含まれるもの：
定期カウンセリング、週2回のウェイトトレーニングおよび食事指導、電話栄養サポート相談
トレーニングウェア・タオル貸出、アメニティ・ミネラルウォーター無料提供
（その他）
・24回 432,000円（3か月）
・32回 560,000円（4か月）
※＋リバウンド保険付き「ボディマネジメントプログラム」
（オプション/29,800円（税別）月に2回）
※プログラムは「シェイプアッププログラム」ほか、「美脚プログラム」、「マッスルゲインプログラム」、「モデルプログラム」
以上の4つから選べる。

2018年2月現在

の報告を行わない等）も「返金対象外」とされてきました。これらが、２０１５年6月より撤廃され、自己都合による退会の申し出についても返金の対象とされるようになったのです。

ある意味、ライザップ側の強い覚悟の表れです。

会員にとってはありがたい制度であると同時に、逆に自分たちの本気度も問われる制度でもあるといえるでしょう。

ご参考までにライザップのスタンダードな料金プランは上の表のとおりです。

2か月間で約30万円とは、通常のフィットネスクラブでのパーソナルトレーニ

ングサービスと比べてもかなり高額といえます。とはいえ、そこに「無条件全額返金」という保証を設定しているので、心理的ハードルが下がり、とりあえず試してみるかという欲求に駆られるのも事実です。

また、この「無条件全額返金制度」も最初からではなく、顧客とのトラブルが発生し、その対応として後から追加されました。結果的にはこれが、大々的にメディアに取り上げられることとなりました。

このスピード感や潔さ、そしてマイナスをプラスに転換してしまう対応力がライザップの原動力ともいえるのではないでしょうか。

ライザップの戦術力④

～徹底した食事と運動のマンツーマン指導！～

ライザップの特徴は、専属のパーソナルトレーナーが個々に付き、完全個室で自分に合ったトレーニングと毎日の食事指導を行うことです。具体的には、毎日食べたものを記録し、トレーナーに報告すると、その内容に応じた食事指導をしてくれる仕組みです。

入会すると「食事ガイドライン」が提供され、それを参考にしつつも、トレーナーとのマンツーマン食事指導が中心になるといいます。

基本的には、以下の内容は皆共通する項目とのことです。

・低糖質な食事を心がける
・朝軽め、昼はしっかり、夜は朝より軽く
・夕食は21時以降にならないようにする
・間食を必ず摂る
・水を多めに飲む
・アルコールはできるだけ控える

ざっとではありますが、これを見る限り、あまり特別なことは言っておりません。ダイエットをするのであれば、極々当たり前のことですね。とはいえ1人ではなかなか守れないのが、人間の性《さが》です。この部分をしっかりサポートすることがライザップの売りの1つと言えそうです。

また、専属のトレーナーが付くとはいえ、1人のかたよった知識ではなく、その背後に管理栄養士をはじめとする、しっかりとした専門家チームが控えているのが、ライザップの強みといえるでしょう。

　このあたりは、個人事業のパーソナルトレーナーだけではなかなかカバーし切れない部分なのかもしれません。

　また、トレーニングについては基本的に1回約50分、週2回程度だといいます。その内容は個人によって異なりますが、しっかりと筋肉に効かせるメソッドとなっているようです。

　これを人によっては厳しいと感じる場合もあれば、そうでもないと感じる人もいます。このあたりは、これまでのウェイトトレーニングに対する免疫力なども関係してきますので、一概には判断できませんが、少なくともアスリートを目指すわけではありませんので、そこまで過酷なトレーニングを追求する必要はないでしょう。

　ただ、トレーナーに関しては、皆高い専門知識を持ち、自らもライザップメソッドの実践者ということもあり、顧客との信頼関係も強いと聞きます。

　余談ですが、会員希望だけではなく、ライザップのトレーナーになりたいという申し込みも全国から殺到しているといいます。その中からふるいにかけ、ライザップの研修期間を経てトレーナーデビューをするので、必然的にレベルも高くなってくるといえるでしょ

ライザップ成功のポイント

①重点化の原則：ここという戦う場を決める！

↓

とにかく痩せたい（スリムになりたい）という欲求へ重点特化！

②集中化の原則：資源の一点集中！

↓

2か月で結果を出す（コミットする）ことへの一点集中！

③顧客ファーストの原則：何をおいても顧客視点！

↓

結果にコミット、全額返金制度、24時間栄養相談など

④スピード力の原則：常に早いものが勝つ！

↓

通常ダイエットとなると短くても3か月は見るものだが、
ライザップは2か月！

⑤自前主義の原則：主導権を握るものが勝つ！

↓

ジムやトレーナーだけでなく、
管理栄養士をはじめすべて自社でサポートチームを編成

⑥情報発信力の原則：情報を制するものが市場を制する！

↓

とにかくわかりやすい「ビフォー・アフター・CM」！

⑦人財力の原則：「人」こそ最大の差別化なり！

↓

人そのものがビジネス。
パーソナルトレーナーをはじめとするチーム・ライザップの人財力

う。競争があるところは市場も拡大し、それだけレベルも高くなっていくのは自然の摂理といえます。これも「量が質をつくる」といった1つの形です。

また完全個室型のプライベート指導というコンセプトは、顧客にとっても人目を気にすることなく取り組めるので、ひそかに痩せたいと思う人にとっても受け入れられやすいサービスです。一般的なフィットネスジムのように大勢の人と一緒なのは苦手という人も同様です。

ライザップの戦術力⑤

～秀逸なメディア戦略と惜しみない広告宣伝量～

ここまで何度か触れてきましたが、ライザップの急成長の要因の1つに、メディア戦略があります。独特のビフォー&アフターCMの映像をはじめ、耳に残る効果的なBGMについてもすでに解説したとおりです。芸能人を上手に起用したことも功を奏したといえるでしょう。

また、「結果にコミットする！」といったキャッチコピーや「全額返金制度」という仕組み、「運動と食事指導による完全個室型のパーソナルトレーニングジム」というコンセプトの打ち出し方も、まさに時流に合っていたといえます。

そしてこれらを富裕層ではなく、一般層を対象としたことが何より斬新だったといえるのではないでしょうか。しかし、この広告宣伝量の多さには、当初は驚きました。今ならば違和感はありませんが、認知度が上がる前はちょっと費用をかけ過ぎなのでは？　こんなに広告宣伝して大丈夫か？　と、余計なお世話ながら思ってしまうほどでした。

ただ、一般向けにするにあたり、「完全個室型」というのは、ある意味デメリットにもなり得る要素だったともいえます。認知度の低い会社が、「完全個室型でマンツーマン指導」などというと、まず顧客が最初に思うことは、「大丈夫かな？」「危なくないかな？」といったことでしょう。おそらくそれは、ライザップ側も予測していたことと思います。そういった心理的なハードルを下げるためにも、ある一定量の広告宣伝の投下はさけて通れなかったのではないでしょうか？

逆にこれだけ費用をかけ、露出度を上げていけば、顧客心理も変わってきます。「これだけ宣伝しているし、芸能人もこれだけ起用し、露出している企業であれば、そう怪しくはないだろう」といった心理が働いてくることも当然、狙っての広告宣伝だったのではないかと私自身は感じます。

いずれにせよ、「ここだ！」というタイミングで投資を惜しまなかったことは、結果としていい意思決定であったことは間違いありません。流行っている感をつくることは、非常に重要な戦略といえます。これをしっかり実践したことも大きな成功要因として挙げられるでしょう。

このようにライザップの戦略そのものは、まったく新しい市場を切り開いたというよりも、既存の市場（個人レベルのパーソナルトレーナー市場）に強者の戦略でもって斬り込んでいくことで、市場の拡大に成功したビジネスモデルといえます。

何かと話題のライザップですが、このビジネスモデルやプロモーション戦略および戦術は、他業界にとっても非常に参考となるモノが散らばっています。

とくにサービス業の企業であれば、ぜひヒントにしていただきたいと思います。

超短時間筋トレ！「X BODY Lab」の場合

ライザップの影響かはわかりませんが、以前よりもビジネスパーソンの体調管理やウェイトトレーニングに関する意識が高まっていることは間違いありません。テレビ番組や雑誌の特集なども、単なるダイエットや美容だけでなく、食事管理法やトレーニング方法など、初心者向けから上級者向けのものまであふれかえっています。

こうした中、当然スポーツジムなどもビジネスチャンスとばかり、あれこれ施策を投じていきます。この業界もご多分に漏れず、熾烈《しれつ》な競争状況にさらされているのです。ライザップのように、ニーズはあるがリスクが高く、ほかがなかなか手が出せなかった領域にいち早く踏み込んでいくことは、市場を制するうえでは重要な戦略です。しかし、ここに後発で参入しても、勝つことは難しいと言わざるを得ません。

そんな中、興味深い差別化戦略で参入しているトレーニングジムがあります。都内を中心に約15店舗ほど展開している「X BODY Lab」（EMSトレーニングジム）です。

このジムを運営するのは、㈱イープラスユーという会社です。

もともと各種スポーツ事業のコーディネートやコンサルティング、アカデミー事業企画やその運営、スポーツ留学の斡旋・企画および現地サポート、プロスポーツ選手のマネージメントなどを行ってきた会社です。その中で、全身型EMS（低周波）トレーニングシステム「X BODY」の総輸入販売代理業と、日本国内展開・普及活動をしていく一環として、「X BODY Lab」をスタートさせました。

何が興味深いかというと、現代社会におけるビジネスパーソンのニーズに真っ向から応えているというところです。先にも触れたとおり、身体を鍛えたい、引き締めたいというニーズはあふれています。一方で、「時間がない」「もっと短い時間で効率よく」「面倒くさい」といった負のニーズも存在することは見逃せません。

そこに真っ向から挑んでいるのが、この「X BODY Lab」です。このジムでは、電気で筋肉を刺激するEMS（低周波）を最大24か所内蔵した特殊なスーツを着てトレーニングを進めます。これにより、短時間で効果的に筋肉を鍛えることができるそうです。その効果は、わずか20分で週2回程度2～3時間のトレーニングに匹敵するというから驚きです。

まさに、時間がない！　でも鍛えたい！　というビジネスパーソンの心をとらえる超時短トレーニングジムといえます。

こうした人々の不便・不満の解消も含めた欲求を満たすサービスは、差別化の基本です。もしかすると、ライザップの対抗馬として急浮上してくるかもしれません。

成功の戦略 5

負の遺産を黒字化！「ハウステンボス」再生の戦略

近年の長崎「ハウステンボス」の盛況ぶりは、そこに訪れたことがない人でも情報として入ってきているのではないでしょうか。ハウステンボスは、ほんの10年前くらいまでは、バブルの負の遺産・九州最大の不良債権といわれたテーマパークでした。

その「ハウステンボス」を再生させたのが、あの旅行会社「Ｈ・Ｉ・Ｓ」を創業し、一代で大企業へとつくり上げた澤田秀雄氏です。しかし、いくら澤田氏が一代でＨ・Ｉ・Ｓを育て上げた名経営者とはいえ、ハウステンボスは業態がまったく異なります。しかも閑古鳥が鳴き、赤字を垂れ流す、九州最大の不良債権といわれたテーマパークです。

正直、頼む側も引き受ける側も少々無謀と言わざるを得ません。

ところが澤田氏は、このハウステンボスをわずか半年で黒字化し、その後も日本を代表する人気テーマパークの１つに押し上げることに見事に成功します。これには、誰もが「信じられない！」といった声を上げます。そう、まさに「マジック」としかいいようがありません。人はこれを「澤田マジック」と呼びました。

さて、ハウステンボスの再生に澤田氏が用いた手法は、ランチェスター法則をベースとした「ランチェスター戦略」でした。この戦略をアウトラインに添え、澤田流にカスタマイズし実践した結果が、今日の「ハウステンボス」の姿です。

ハウステンボス再生の裏にあった戦略

そもそも「ハウステンボス」とは１９９２年、総工費２２００億円をかけ、長崎県佐世保市に開業したオランダの街並みを忠実に再現したテーマパークでした。着工当時は、世はまさにバブルまっただ中であり、雨後のタケノコのごとく全国にこうしたテーマパークが誕生しており、ハウステンボスもその１つでした。

ただし、そのスケールはほかの比ではありません。敷地面積１５２万㎡。１日最大３万人が収容され、３０００人が宿泊できる巨大施設。ただし、このハウステンボスは開業以来、一度たりとも黒字化したことがないという、とんでもない代物だったのです。

そんなハウステンボスの再生を２０１０年4月、三顧の礼を受け、澤田氏は引き受けることになります。

赤字だった大きな理由は、以下の3つといわれていました。

①商圏が小さ過ぎる

これだけ広大な敷地面積を誇るテーマパークであれば、もう少し大きな商圏でなければ採算が合わない。

②アクセスが悪い

同じ九州でも、長崎県は非常に交通の便が悪い。これ自体が致命的だった。

③敷地が広すぎる故の高コスト体質

敷地が広ければ、当然維持費もそれなりにかかる。しかもコスト意識にも欠けていた。

さらに、もう1つ付け加えさせていただくのであれば、「もう一度行きたい！」といったリピーターが育たなかったことも挙げられます。

1度目は話題性もあり、行ってみてもいいけど、2度3度目となると、それなりの理由が必要となります。また行きたくなる理由づくりが、実はハウステンボスにはできていなかったのです。

この状況で再生を引き受けるのは、あまりにもリスキーです。当然、澤田氏も当初は断ったといいます。しかしながら、担当者の三顧の礼の熱意に負け、ついに引き受けることとなりますが、Ｈ・Ｉ・Ｓの役員をはじめ周囲は大反対だったといいます。

それもそのはずです。当時のＨ・Ｉ・Ｓは世界戦略を掲げ、一丸となってそこへ向かっていくまっ最中でした。会長職に退いたとはいえ、グループの総帥が東京から長崎の負の遺産に全力を注ぐことは、デメリット以外考えられません。

ところが逆にこのことが、澤田氏の心に火を付ける結果になってしまったようです。このあたりは、さすが創業者気質なのでしょう。

まずはするべきことを考える！

これだけの負の要素を兼ね備えていると、さすがに何から手を付けていいかわからなくなってしまうのが常人かと思います。ところが、澤田氏は何が再生のポイントかをしっかり見抜いていました。

再生のためのポイントは、大きく2つ！

①オランダというテーマを超える価値をつくり出すこと

②金銭面での問題を極力取り除いておくこと

この2つさえクリアすれば、ハウステンボスは再生できる。そう澤田氏は読んだわけです。

まず、②の金銭面については、ハウステンボスが抱えてきた負債を放棄してもらえるかが今後のカギとなります。

この交渉を金融機関と行った結果、8割を放棄してもらうことで合意を得ることができたといいます。さすが、ここらは経営のプロフェッショナルである澤田氏ならではの交渉術といえるでしょう。

さて、もう1つの「本物のオランダ以上の価値の創出」ですが、こちらも一筋縄ではいかない難題でした。

実際、澤田氏が場内を回ると、採算がとれず閉鎖しているエリアが目についたといいます。こうした閉鎖エリアには柵が設けられ、立ち入り禁止なので、ゴーストタウンといった様相を呈していたそうです。

ハウステンボス再生のポイント

①重点化の原則：ここという戦う場を決める！

↓

誤ったオランダへの重点化ではなく、
オランダというテーマを超える価値をつくり出す！

②集中化の原則：資源の一点集中！

↓

広大な敷地を細分化し、
それぞれにテーマを持たせそこに集中する

③顧客ファーストの原則：何をおいても顧客視点！

↓

また来たくなるための仕掛けづくり

④スピード力の原則：常に早いものが勝つ！

↓

「1.2倍」の速さで動く！　即断即決の意思決定！

⑤自前主義の原則：主導権を握るものが勝つ！

↓

とにかく「NO.1」といえるものを自ら創っていく

⑥情報発信力の原則：情報を制するものが市場を制する！

↓

「NO.1」づくりの徹底と澤田氏およびH.I.S.グループ上げての広報活動

⑦人財力の原則：「人」こそ最大の差別化なり！

↓

スタッフへのシンプルなコミットの徹底から創意工夫が生まれる

これでは、お客さんに、いかにも衰退していくテーマパークというイメージを印象づけてしまいます。とにかく人に入ってもらい活気を出さねばという思いから、当初は17時以降の入場料を無料にしてみたそうです。

ところが、これはまったく効果が見られませんでした。やはりお客さんはシビアです。つまり、何も手を加えていなければ、たとえ〝タダ〟でもお客さんは来てくれないのです。そこからイルミネーションを使った「光の王国」をつくり出し、建物の壁には、3D映像を投影しました。料金も有料にしたところ、逆にお客さんたちが集まってきたといいます。

お客さんは、価値に対し対価を支払うわけで、価値を見い出せねば〝タダ〟でも人は来ないということが浮き彫りとなったわけです。

経費2割カットし、売上を2割増やす!

澤田氏の具体的な収益の改善策に「経費2割カット、売上2割増」という考え方があります。

これは澤田氏いわく、「わかりやすくするために2割ずつという表現を使っているが、要はトータルで4割改善できればいい」という意味です。そのために、まず花卉《かき》などの仕入れコストの見直しと、あらゆる経費の見直しを徹底することから着手しました。これにより約1億円ほどのコストカットに成功したといいます。日常の業務を見直すだけで、これだけ改善ができるというから驚きです。

ただし、それでも削れない案件に関しては、「1・2倍の速さで動く」というルールを定めました。今まで1時間かけていた仕事なら45分に。広大な敷地内を移動する際は、自らが電動アシスト自転車などを使うことで、スピードを2割上げたといいます。

また、意思決定においても即断即決が基本。早い決断は結果も早く出ますので、すぐにリカバリーも効きます。歴史を見ても速いほうがたいてい勝っている。戦いはスピード。経営もスピードというのが、澤田氏のポリシーでもあります。

まだまだある！　新たな取り組み！

ハウステンボスの改革については、まだまだ改善しなくてはならないことが山積みだったといいます。繰り返しになりますが、膨大な改善が求められているとしても、それを一気に処理しようとしては、頭も混乱し、土台無理な話となってしまいます。

まずは、すべてを洗い出し、そこから優先順位をつけ、どこから着手していくかを検討し、1つ1つ取り組んでいく。要は各個撃破の発想が必要なわけです。

この時のハウステンボスの場合は、ざっと以下の課題が優先度が高いものとして挙げられました。

・「音のなさを改善」＝BGMを一切流していないので寂しい
・収益を改善するため広大な敷地の活用法が必要
・来たくなる理由づくりが必要

そしてこれらの課題を1つ1つ改善していったといいます。

まずは、従業員皆でスピーカーを手作業で取り付け、ハウステンボスのどこを歩いてもBGM（音楽）が流れている状態へと改善していきました。

また、閉鎖していたエリアは音がなく、ひと気がない状態の時に、「お化け屋敷のようだ」と揶揄《やゆ》されたことがありました。これを逆手に取り、「スリラー・ファンタジー・ミュージアム」と名づけ、明るいお化け屋敷へと変貌をとげました。

そのほかにもさまざまな施策を展開していきます。

・フリーゾーン（無料エリア）を設け、新たな試みの展開へ。

・ワンピース（人気漫画）の海賊船を常設。本当の海を航海するアトラクションを展開。
・ＡＫＢ48が人気急上昇の頃にいち早くコンサートを開催。
・花と庭園で「１００万本のバラ祭」、ガーデニング世界大会などの開催。
・光の王国と名づけ、世界一のイルミネーションを展開。

以上のような施策を仕掛けていくことで、子供から若者、ファミリー層やシニア層にいたるまで取り込んでいくことに成功しました。

またＨＴＢクルーズ（ハウステンボスのグループ会社）による長崎－上海間の航路を開設。海外からの誘客にも力を注いでいきました。

そして、忘れてはならないのが、本来のＨ・Ｉ・Ｓの強みを活かした、ハウステンボスの積極的なＰＲの展開です。やはり、ここがなければ、現在のような再生は当然のことながら難しかったのではないでしょうか。当初、Ｈ・Ｉ・Ｓグループのお荷物になるといわれていたハウステンボスで、見事相乗効果を発揮させられたことは、やはり誰にでもできることではありません。

まさに澤田氏ならではのマジック（経営手腕）というところなのでしょう。

回転木馬のお兄さんは今日も踊っている

ハウステンボスにもごく普通の回転木馬（メリーゴーランド）があります。

いいや、普通ではありません。ここの担当であるお兄さんは木馬が回転している間、ずっと踊り続けているのです！　子供たちに手を振ったり、ダンスをしたり、本当に1日中踊っている。しかも誰に強制されたわけでもなく、自ら踊り出したのだといいます。

澤田氏はいいます。

「高コスト体質の問題や施設の運用面などは、ある程度事前調査でも見えていた。実際にハウステンボスに入り込んで感じた最大の課題は、社員のやる気。モチベーションにあった。士気が下がり、元気がなく、負けぐせがついている状態だった」

ただ、こうも付け加えています。

「無理もない。18年間赤字続きで、黒字になった経験もない。賞与も久しく出ていないし、経営陣は何回も変わる……これでは何をどうすれば良いかなども考えられなくて当然だ」

実はこれこそが最大の課題だったわけです。

そこで澤田氏は、全従業員を集め、ごくシンプルな取り組みの要望を提示しました。

①ウソでもよい、とにかく笑顔で、明るく元気に振る舞い、挨拶《あいさつ》を欠かさないこと。
②掃除を徹底すること。毎朝自分も一緒にやるので、掃除を徹底化する。
③とにかく皆でがんばって、経費２割カット、売上２割増を実現させる。そうすれば必ず黒字化する。その際は賞与を出す！

このシンプルな３つの約束こそが、社員にやる気と自信を与えていったのです。それまでは何をどうすれば黒字化するのかわからなかった社員が、具体的にやることが見えてきたのだから、とりあえずやってみる。それでダメだったなら、その時また考えればいい。まずはトップが率先してやっているのだから、信じてやってみよう。こんな空気感が出てきたのです。

実際にやってみると、効果が現れ始めます。

こうなると自信につながり、さらに自発的な発想が生まれてくる。好循環作用が回り始めるわけです。

澤田氏は、こうも語りかけたそうです。

「皆さんが長年、赤字でもがんばってこられたのは、なぜですか？　お客様に喜びや驚きや癒《いや》しといった感動を提供することを『志』としてきたからではないでしょうか？」

「私には、『夢』があります。このハウステンボスを〝東洋一きれいな観光ビジネス都市〟にしたいという夢が描けたから、再建を引き受けたのです……皆さんにも『夢』があるでしょう？　この志と夢を共有し、ともに再建を果たしましょう！」

ハウステンボスの黒字化は、決して澤田氏1人で実現したわけではありません。彼の示した「夢」と「志」を皆が共有し、自分の立場でできることを各々が考えるようになったからこそ、黒字化を果たせたのです。

トップの使命は自らの「夢」と「志」を示し、それを皆に提示し、そしてシンプルでわかりやすい言葉でやるべきことを自ら考えさせる。さらに自らが率先し取り組む姿勢こそが、従業員の心を揺さぶり、行動させるのではないでしょうか。

澤田氏の経営手腕からはそのことを感じずにはいられません。

だから、回転木馬のお兄さんは今日も踊り続けているのです。

成功の戦略❻

強者となった「サイバーエージェント」戦略の軌跡

ここからは、孫子やランチェスター法則とあまり縁がないと思われがちなＩＴ系企業の事例を解説していきたいと思います。

今やＩＴ業界の強者中の強者ともいえる「サイバーエージェント」。

サイバーエージェントと聞くと、皆さんは何をイメージするでしょうか？

おそらく多くの人たちが、アメブロ（アメーバブログ）を思い浮かべるのではないかと思います。さらにアメブロというと真っ先にイメージするのが、芸能人御用達ブログ……芸能人専用アメーバブログではないでしょうか。

しかし、このアメブロを運営するサイバーエージェントという会社が一体何をする会社なのか？　また、ＩＴ業界において、どのようにして今日のような地位を築き上げたのか？

ここらあたりを見ていくと、実は表に見えているサイバーエージェントとは違う、別の一面が見えてきます。

ＩＴ業界の雄サイバーエージェントに見る一点集中戦略の真髄

まず簡単に会社概要から目を向けてみましょう。

代表者は、言わずと知れた藤田晋氏。２０００年代前半のＩＴバブル時にブームとなった社長ブログの1つ、「渋谷で働く社長のブログ」などでもよく知られているかと思いますが、そのＩＴバブルまっただ中で、当時結婚した奥さんが女優（奥菜恵）だったことでも有名でした（その後、離婚）。

会社は、創業から現在も渋谷にありますが、藤田氏の自宅が六本木ヒルズであったということで、ヒルズ族の1人としても数えられていました。元ライブドア社長のホリエモンこと堀江貴文氏とは、旧知の間柄であることもよく知られています。

会社の設立は、１９９８年3月。まさに世は、これから第一次ＩＴバブルへと向かう最中での創業です。資本金72億３００万円（２０１８年3月末時点）。その事業内容は、Ａｍｅｂａ事業（ブログポータルサイト等）、インターネット広告事業、ゲーム事業、メディアその他事業、投資育成事業となっています。

正直、この会社概要を見る限り、90年代後期に設立し、この規模まで成長しているＩＴ企業にしては、それほど事業の幅を広げているわけでもありません。多角化ではありますが、本業であるＩＴ事業に軸足を置いた、わりと堅実な経営をしてきた会社のようにも見受けられます。

果たして実態はどうなのでしょうか？

これまでの歴史を見ていくことで、その実態が見えてくるのではないでしょうか。

98年創業の動機は、「すごい会社を創りたい」というものだったと藤田氏は言います。とくにネットが好きだったというわけでもなく、起業家に憧れていたわけでもない。ただ、「すごい会社に入った奴が偉いのではなく、すごい会社を創った奴が偉いんだ」というバイト時代に聞いた言葉がきっかけだったといいます。

当時は、就職氷河期。なかなか就職活動も思うようにいかない時代です。そんな状況下で自然と起業へと流れていったのでしょう。したがって、創業後のビジョンとして「21世紀を代表する会社を創る」を掲げています。何はともあれ、タイミングは良かったということは間違いありません。

この頃を少し振り返ると、まさに〝IT社会の夜明け〟といった、ネットバブルに世が浮かれていた時代です。インターネット関連であれば市場の期待感が集まり、上場すれば株価が高騰するという時代。私の周辺でもホームページのデザインをやっているというだけで、小さな会社であっても〝上場〟や〝IPO〟といった話が後を絶たなかったことを記憶しています。しかし、このネットバブルは長くは続きませんでした。

サイバーエージェントが上場したのは、そんな状況下の2000年3月でした。ネットバブル崩壊はその直後に起こります。

上場直後、「サイバーエージェント」は、ネットバブル崩壊の憂き目にあい、その後株価は低迷していきます。「メディア事業」をはじめ、赤字状態が続きました。そこに輪をかけ、買収の危機にもさらされていたといいます。その買収の危機を楽天の三木谷浩史社長に救ってもらったエピソードは、ここでは触れませんが、知る人ぞ知る有名な話です。

いずれにせよ、この危機からとりあえず脱したことで、藤田社長にある変化が芽生えたといいます。それは、これまで売上の大半を構成していた「広告代理事業」から「メディア事業」へのシフトです。

もちろん、広告代理事業をやめてしまうというわけではなく、営業利益の低い広告代理事業からの脱却と「収穫逓増《ていぞう》型ビジネスモデルの確立」という構想の実現です。「収穫逓増型ビジネスモデル」とは一度損益分岐点を超えると、そこからはコストが増えず、伸びた売上の分だけ利益になるというビジネスモデルを指します。

このビジネスモデルの観点から見ると、広告代理事業は当然当てはまりません。では、それに当てはまる事業とは何か？　当時で見ていくと、まさに「Ｙａｈｏｏ！ＪＡＰＡＮ」（ヤフージャパン）のビジネスモデルなどがそれに当てはまります。ヤフーとは、当時も今も巨大なポータルサイト。インターネットの「巨大メディア事業」として君臨しているのが「Ｙａｈｏｏ！」です。これはつまり、サイト閲覧率、ページビューが増えれば増えるほど、広告収入やユーザー課金が増える「収穫逓増型ビジネスモデル」そのものというわけです。

そこでサイバーエージェントが目指したのは、まさに強いメディアを持つこと。これが、ネット業界で生き抜いていく道だと確信したのです。

ところが、当時のサイバーエージェントには、メディア事業と呼べるような代表的なブランドはありませんでした。したがって、今後注力していくべきものは「メディア事業！」というスタンスを明確にしたのです。

サイバーエージェントは営業会社にあらず！　～メディア事業で成功するために～

長期的な視点から見ると、サイバーエージェントにとって、自社メディアを育てることは重要な事業のはずです。しかし、当時の状況からすれば、サイバーエージェントはあくまでも広告代理事業で成り立っている営業会社といえました。

実際、当時のサイバーエージェントのメディア事業では、検索サイトやメルマガ、ポイントサービスなどをまとめて「自社メディア」と呼んでいたそうです（広告代理業で扱っていた他社のメディアが「他社メディア」という区分けでした）。「メディア事業といっても赤字を垂れ流しているだけの事業。これ以上無駄な投資はしないでくれ」というのが株主や周囲、あるいは社内からの声であったといいます。

この当時、メディア事業は、藤田社長1人が推し進めようとしているという認識が社内に蔓延《まんえん》していました。したがって、社長であるにもかかわらず、社内外で孤立無援状態。この時ばかりは、心が折れかけたと藤田氏は後述しています。

言ってしまえば、当時の状況は「メディア事業」と呼ぶにはほど遠い話で、周囲の冷淡な見方もあながち間違ってはいないことに気づかされます。

とはいえITバブルも崩壊したこの当時のサイバーエージェントが生き残るには、広告代理事業ではない、何かが必要だったことは間違いありません。

その何かが、「メディア事業」であることは、藤田社長のみが確信していました……。


21世紀を代表する会社を創る！　その答えを見つける！


「21世紀を代表する会社を創る！」これは、藤田社長が創業時に「すごい会社を創る！」という言葉を言い換え、会社で掲げたビジョンです。しかし、これまでそれを具現化する術を持ち得なかった。順調に売上を伸ばし、成長している広告代理事業は、現在の会社をうるおす〝金のなる木〟であるものの、明日の売上をつくっていく事業として成り立つものとはいえませんでした。

では、どうすればよいのか？

「メディア事業」を育てるということだけではなく、藤田氏をはじめとする役員は、そのためのもっと抜本的な課題の見直しに着手しなくてはならないことに気づきます。そこで得た気づきは、「人材」の重要性。「教育」の大切さでした。つまり事業の好不調によって、簡単に「人」が入れ替わってばかりいるような会社では継続性も弱く、社員も腰を据えてこの会社で働こうという気になれません。

また、技術や文化が「人」が入れ替わるたびに断絶してしまうような会社では、長期的な視野での経営もできません。

このことに気づいたのです。

これは、その後のＩＴ企業における明暗を分ける重大な気づきにつながっていきます。「サイバーエージェント」にとっての人材の価値観は、個人の〝スキル〟や〝キャリア〟よりも「採用、育成、活性化」がより重要となったのでした。

同時に、「大型買収はやらない」、「買収に頼らず、事業は自分たちで創って伸ばす！」という方針を打ち出していきました。

サイバーエージェントの基盤となる考えが固まり、ここから藤田社長も経営者としてブレない軸を手にしたわけです。

とはいえカギとなるはずの「メディア事業」は相変わらずの低空飛行を続け、売上をつくっていたのは、「広告代理事業」という状況が現実でした。

いよいよ世は第二次ＩＴバブル時代へと突入していく、そんな時期でもありました。

第一次ＩＴバブルが崩壊し、数年が経過した頃は、ＩＴ業界に対する熱狂が冷め、市場の関心度は低下していました。一攫千金《いっかくせんきん》を狙ってＩＴ業界に参入した企業も、バブル崩壊後は、つぶれる会社や業界から去っていく者が相次ぎ、徐々に淘汰《とうた》され始めていきました。逆にいうと、浮き足立たず、腰を据えて事業に取り組むことができる環境にあった時期ともいえます。

そして、２００４年6月。そんな静寂状況が続くＩＴ業界に、ついに嵐が吹き荒れます。そう、あのライブドアの当時社長であったホリエモンこと、堀江貴文氏が近鉄球団買収に名乗りを上げたのです！　この堀江氏の近鉄球団買収問題を皮切りに、まさにゴングが打ち鳴らされたがごとく、第二次ＩＴバブルという巨大な津波が押し寄せます。

ここからは、皆さんもよくご存知の「ライブドア劇場」の始まりです。

といっても、現在30代以下の若い人たちは、あまりよく知らない世代かもしれませんが……。

さて、その後、プロ野球への参入は、「楽天」、「ソフトバンク」なども名乗りを上げます。この一連のプロ野球参入は、ＩＴ企業における買収ゲームのスタートでもあり、同時に「ライブドア狂想曲」の始まりでもあったわけです。

結果として、「ライブドア」の球団買収は失敗に終わります。

ところが、「ライブドア」＝堀江氏はここで大きな気づきを手に入れることになります。

ここで堀江氏が得た答えとは、

「名乗りを上げるのはただ（無料）」

これがその答えです。

ここに気づいたことが、その後のライブドアをニッポン放送買収（未遂）までへと突き動かしていくわけです。つまり、堀江氏も藤田氏同様、「メディア力」が会社を強くすることに気づいていたということ。実は、「ライブドア」という会社自体も堀江氏が一から立ち上げた会社ではなく、買収して代表となったことはよく知られています。その理由も同じです。

当時、堀江氏は、「オン・ザ・エッヂ」という会社を運営していましたが、どうにも知名度が低く、業界でもわりと地味な存在でもありました。その会社の知名度を上げるために手っ取り早かったのが、当時ＴＶＣＭなどをバンバン流していた「ライブドア」を買収することでした。

自分たちで今からＣＭを打ったり、広告宣伝活動をするよりも、すでにある「名前」を買ったほうが当然効率もよく、効果的です。非常に合理的であり、ある意味、堀江氏の考え方を如実に表している行動パターンともいえます。

ここから藤田氏と堀江氏の行く道は、くっきりと分かれることになります。同じ方向性・目的（強力なメディア事業を立ち上げる）であっても、取る手段が１８０度異なったのです。堀江氏は、市場から調達した資金で手っ取り早く知名度のある企業やすでにその事業を手掛けている会社を買ってしまうことで、目的を達成しようとする方向へ。短時間で目的を達成できる、合理的な手法です。

これは、人材採用についても同じようなことがいえました。

自前で人材を一から育てるのではなく、必要な専門スキルを持った人材をよそから引っ張ってくる。これも短時間で会社の拡大を目指す場合は、非常に合理的といえるでしょう。好き嫌いはさておき、堀江氏の手法は一言でいえば「時間を買うこと」に重きを置いているようにも思えます。合法である限りは、これは欧米などでは当たり前の手法で、批判の対象にもなりません。この時期は、堀江氏に限らず、ＩＴ系企業にはこの傾向が強く見られました。

一方で藤田氏の場合は、この少し前に自社の方針を明確にしたため、ある意味この流れに乗らずにすんだともいえます。当時の株主や社内からも、「なぜこの潮流に乗らないいんだ！」という強い声があったのも事実です。確かにここまで世の潮流が買収、買収での株価上昇ということになってくると、乗りたい気持ちもあったかと思います。

しかし、乗れなかった、否、乗らなかったのがサイバーエージェント藤田氏のスタンスだったのです。この姿勢をとりわけ美化するわけではありませんが、しかしこのスタンスこそが、後にこの2社（2者）の明暗を大きく分けたポイントであったことも見逃せない事実です。

藤田氏は、「人材は自前で育てていくことを中心に取り組んでいく」、また「メディア事業も自社で構築していく」「内製重視で取り組んでいく」という方針を打ち立て、こだわっていきました。

ただし、これは短期間で結果が出るものではなく、中長期の視点と強い信念も求められます。とくに同業他社が買収や多角化でグングン株価を上昇させ、またその資金力で会社を買収し、大きくしている。そんな状況を隣で見ていて、気持ちが揺れないわけがありません。

とはいえ、ここはあえて方針、信念に従い、「インターネット事業から軸足をずらさず、

サイバーエージェント成功のポイント

①重点化の原則：ここという戦う場を決める！

↓

独自メディアの構築へ重点特化

②集中化の原則：資源の一点集中！

↓

独自メディア：「芸能人ブログ（アメーバブログ）」への一点集中

③顧客ファーストの原則：何をおいても顧客視点！

↓

株主や外野の声よりもページビューへのこだわり（＝顧客の評価）

④スピード力の原則：常に早いものが勝つ！

↓

変化への対応力とデットラインを設け実践

⑤自前主義の原則：主導権を握るものが勝つ！

↓

人材の育成と内製化の構築

⑥情報発信力の原則：情報を制するものが市場を制する！

↓

ブログを通じた発信力が今日のサイバーエージェントの強み

⑦人財力の原則：「人」こそ最大の差別化なり！

↓

人材は自ら育て、骨太の組織を創る

内製・メディア事業・人材重視」の方向性でこの時期をやり過ごしたといいます。
他社が仕掛ける、金融・不動産・通販・中古車販売などの買収は、「ネットとリアルの融合」というキーワードで美化されました。しかし、これが後に第二次ITバブルの崩壊を招く一因となっていくことは、まだ知る由《よし》もありません。

トップ自らが動く！

国民の注目を一手に集めた「ライブドア劇場」も、2006年1月16日の堀江氏逮捕によって、収束を迎えます。人々の関心は時価総額を吊り上げるための粉飾決算に手を染める、ヒルズ族への不正暴きへと移り始めていきました。堀江氏に続き、ライブドア劇場の準主役ともいえる「村上ファンド」率いる村上世彰氏も逮捕され、完全にIT業界に勢いが消えていったのです。
サイバーエージェントに関しても、業界全体の激震の余波で、やはり業績は悪化していました。この時期、大型買収やネットとかけ離れた事業には手を出してはいませんでしたが、主軸となる事業が育っていない、自転車操業的な経営であったと藤田氏は振り返ります。

つまり、軸としなければならない「メディア事業」に取り組んではいるものの、残念ながら、とても柱となる事業には育っていないというのが実態だったのです。

藤田氏の葛藤《かっとう》は続きます。「一点集中には覚悟がいる。これまでも覚悟を決めて取り組んだつもりではいたが、それでもまだ、覚悟しきれていなかった……中途半端な気持ちでは、一点集中をつらぬくことは難しい。ましてや、ある程度会社の規模も大きくなり、事業部も増え、社員取引先、株主などが増え続ければ、一点集中など到底言っていられない。むしろ、もっともっと多角化し、拡大路線に入らないと、その体（会社）を支えることすらできなくなる……」

しかし、ここでブレることは許されません。やはり、やらねばならないのは、「メディア事業」への本当の意味での「一点集中」ということに再びベクトルを振り切っていきます。

確かに一点集中とは、規模が大きくなればなるほど難しい戦略といえます。ところが藤田氏は、本当の意味でこの時期より、「一点集中主義」を突き進んでいくのです。「メディア事業」への一点集中。そう、今でこそ誰もが知る「アメーバ」というブランド名のブログサービスを中心としたメディア事業に本気で取り組んでいったのです。

では、今までは本気ではなかったのか？　そんなことはありません。

もちろん今までも本気であったことには変わりありませんが、覚悟という意味では、温度差があったのかもしれません。これまでも焦《あせ》りはあっても、広告代理事業が好調で、業界そのものが上向き傾向にあったため、本人も社員も含め、実はそこまでの覚悟はできていなかったのが実情でした。しかし、ここからは不退転の覚悟を決めたわけです。

藤田氏は、アメーバと心中するくらいの気概で、メディア事業へと一点集中していきます。それまでも社長という立場からの後方支援は最大限していました。しかし、結果が出なかった。なので今度は、自らアメーバの総合プロデューサーとなって、事業に携わっていったのです。

今まで駄目だったのは、肩書だけで、実は現場にどっぷり入っていくことはしていなかったといいます。まずは、そこから変えていくことに着手したわけです。

7年間過ごしたマークシティの社長室を離れ、アメーバ事業部が入るビルへと社長室ごと移動したのもこの時でした。

トップ自らが変わらなければ会社は変わりません。

とくに大きな改革を必要とする場合、口でどんなに言ったところで、何も変わるはずはないのです。その会社の体が大きければ大きいほど、変化に疎くなり、変わることが難しくなる。トップ自らが泥水をかぶり、泥水をすする姿勢を見せつけなければ、周りや現場が動くことなどあり得ないのです。

「俺がこんなに言っているのに……」

「これだけ言ってもまだわからないのか！」

経営者からよく聞く言葉です。

しかし、言うだけでは組織、現場は変わりません。藤田氏はこのことに気づいたというわけです。

そしてそれを実行に移した。「やってみせ、言って聞かせ、させてみせ、褒めてやらねば人は動かじ」、山本五十六海軍元帥の言葉です。まさにこれを実践したのでした。

「我々は、一致団結。一蓮托生《いちれんたくしょう》。アメーバがこけたらみなこける！」と背水の陣を伝えました。これに呼応するかのように、社員の目の色が変わり、なんとしてもアメーバを「メディア事業」として確立するという、本当の意味でのベクトル合わせが生まれたのです。

さらにデッドラインも切りました。

「２年後に当たる２００９年までに、この事業がなんとかなっていなかったら、責任を取って会社を去る！」、藤田氏の言葉です。デッドラインを決めるということは、目標を達成するためには絶対に必要な条件です。いつまでにといった期日を具体化し、達成していなければ会社を去る。ここまで社長に言われて何も感じない社員はいないでしょう。

私もいろいろな会社を見てサポートしていますが、やはりトップやリーダーが口先だけでなく、自ら動かなければ、会社あるいはチーム自体に大きな変革をもたらすことは難しいということは、経験値からも言い切れます。

そしてもう1つ。指標を明確にしなくてはなりません。

この時のアメーバの指標は、売上など一切見ず、「ページビュー数」ただ1つ！「30億ページビューを目指す！」これだけでした。非常に明確です。

とはいえ、明確な数字であっても、明確な根拠があったわけではないといいます。定説として、「30億ページビューを超えると自然と広告が付く」ということをあえて信じ、設定したのです。

そして、迎えた2008年1月、ついに「30億ページビュー」を達成します。実際、30億ページビューを超えると売上も上がっていったといいます。そこから、次は「100億ページビュー」を目標に掲げ、突き進んでいきます。

その間、藤田氏自身アメーバ事業に〝一点集中〟し、他の事業は部下に任せた状態でした。

極論ではありますが、〝一点集中〟する際は、そこで「ナンバーワン」（NO．1）を取るまでは、わき目もふらず邁進すること。そうでなければ「ナンバーワン」（NO．1）になどなれなれません。

藤田氏はまさに無意識の中で、「ランチェスター戦略」の考え方を実践していたのです。

そして最後の切り札が、芸能人ブログです。意外なことに、当時は芸能事務所に積極的に営業をしているブログサービス会社がなかったことが功を奏しました。

まさに、盲点だったのかもしれません。あるいは芸能事務所は、人間関係で成り立つビジネスなので、関係性づくりに労力と時間を必要とするという定説が、競合他社が手を付けなかった要因だったのかもしれません。

いずれにせよ、「うちもの体質」的な業界であるため、信頼関係をつくるには多少時間がかかるかもしれませんが、ここに足繁く通い込み、関係性を構築していったことが結果として今日につながったのではないでしょうか。

その後の躍進は、あえて説明するまでもないでしょう。

ここまで見てきて、もうおわかりでしょうが、サイバーエージェントは、傍から見るとその規模の大きさから、現在の強者の立ち位置のみしか注目されませんが、やはり、「弱者の法則」である〝一点集中〟に取り組んだ企業といえます。

どんな規模が大きくても、しっかりとした軸足を持った事業がない限り、常に足元に不安を抱える状態は続きます。

また、変化しようにも、一筋縄にはいかないのが図体の大きな企業の特徴といえます。

かつて、地球を支配した恐竜たちが絶滅した理由も、その巨体から環境の変化に対応し切れず、絶滅していったからだといわれています。

実際生き残ったのは、体の大きな強い恐竜ではなく、環境の変化に対応することができた生き物でした。

サイバーエージェントもまた、来るべき時代を見据え、目先の利益にとらわれることなく、信念をつらぬいていったことが今日の繁栄につながっているのではないでしょうか。

忘れないでいただきたいのは、長く生き抜くためには、他力本願ではない、自社で売り切る力を持つ事業が必要だということ。

また、あれもこれも手を出すのではなく、これと決めたら、一点集中すること。

そこにデッドラインを設け、指標を明確にすること。

そしてトップ自ら先頭に立ち、実践することで、その覚悟と本気度が伝播《でんぱ》していくのです。

これは業種・業態問わず、すべての企業に当てはまる共通の成功法則であるといえるでしょう。華やかに見え、順風満帆にここまで来たように見えるサイバーエージェントにも、実は地道な取り組みがあったということを覚えておいてください。

フードデリバリーサービス「ウーバーイーツ」の場合

現在のＩＴベンチャーではどういった事業が伸びているかご存じでしょうか。

私が注目する1つが、「ウーバーイーツ」というサービスです。「ウーバーイーツ」と聞いてもまだあまりピンとこない人が多いのではないでしょうか。

これは、カーシェアリングサービスの米Ｕｂｅｒが手掛けるフードデリバリーサービスで、日本に上陸して約2年が経ちます。同サービスはサンフランシスコやパリなど世界各国で展開しており、東京は8か国34都市目だといいます。

フードデリバリーというと、日本には古くから出前という文化（仕組み）があります。さらに比較的歴史は浅いですが、宅配ピザなども定着して30年は経ちます。

その市場に新たに参入してきたのが、ウーバーイーツです。仕組みは、専用のアプリからレストランにデリバリーを依頼。登録されているお店の料理が平均30分強で自宅に届くというサービスです。提携しているお店は、洋食店から大衆食堂、フランス料理、スペイン料理、海鮮丼専門店もあればドーナツ店まであるといいます。価格帯を問わず多岐にわたるメニューを取り揃えている点が特徴です。

顧客から注文が入るとレストラン側が調理を始め、できあがると配達員が受け取って顧客に届けます。ところが配達員はシフト制ではなく、こちらも専用アプリのボタンを押すだけで、配達業務のオファーが届き、気に入った仕事だけを引き受けることができます。また、会計はクレジットカードや「Paypal」に限定されており、配達員との現金のやりとりは不要。

このサービスは、レストランにとっては、配達サービスを手軽に始められるというメリットが何より大きいのです（人や車両の確保が不要）。配達員は働きたいときに働け、利用者にとっては自宅に居ながらアプリ1つで、さまざまな料理を届けてもらえるのがメリットです。まさに「三方良し」の理にかなったビジネスモデルとなっています。

ウーバーイーツは事業を順調に拡大しており、提携店舗は1000店超。展開エリアは渋谷区・港区から、新宿区・中央区・品川区など計15区に拡大。配達員の数も、現在は5000人を超えているといいます。これからのIT系企業のサービスは、いかにスマートフォンとアプリを活用し、ユーザーそして関与者にとってのベネフィットを提供できるかにかかってきます。そこには「時間」の有効活用というキーワードもポイントになってくるでしょう。関与者のどこか1つでも負担をかぶってしまうサービスでは、ほかにメリットがあったとしても決してうまくはいきません。

その意味では、このウーバーイーツの仕組みは、他業界にとっても良いヒントとなるのではないでしょうか。

第4章

「しくじりの戦略から学ぶ」

この章では、いくつかの企業の〝しくじり〟事例から、「なぜその企業はしくじってしまったのか？」に焦点を当て、見ていきたいと思います。

ただし、ここで例を挙げている企業は現時点では、しくじってるといえますが、今後もちろん、浮上する可能性もあります。

その部分をご考慮いただき、お読みいただければと思います。

しくじりから学ぶ 1
時代の潮流に乗った「大塚家具」のなぜ？

近年、お家騒動劇によって巷《ちまた》をにぎわせた上場企業「大塚家具」。もともと高級家具店として認知されていましたが、もう何年も売上低下に歯止めがかからなかったといいます。

その要因はいくつか考えられますが、大きくは、長いデフレ状況と、顧客ニーズを的確にとらえた低価格家具店の台頭などが挙げられるでしょう。

大塚家具は、1969年（昭和44年）に埼玉県春日部市に桐簞笥《たんす》販売店「大塚家具センター」として創業。1993年（平成5年）に会員制を導入し、現在の業態に移行しました。

また、小売りだけでなく、法人向けのコントラクト事業も手掛けており、ホテルや医療施設などの内装のトータルコーディネートなども行っています。

大塚家具は、創業者である大塚勝久氏が取り入れた、広告宣伝費の大量投入と、「入店時に顧客名簿を作成し（＝会員制の導入）、店員が顧客について回る」という積極的な接客により、まとめ買い需要を取り込むことで成長してきました。

いわゆる他社とは違う販売手法により、差別化を図ることで成功した企業でした。

ところが、2001年12月のピークを境に住宅需要の低迷や「ニトリ」、「イケア」をはじめとする新興勢力の台頭により、業績が低迷。さらに、自社株買いにともなう不祥事により、創業以来社長を務めてきた大塚勝久氏が会長に退き、長女の大塚久美子氏が社長に就任。

ここから、経営方針をめぐり、創業家に亀裂が生じ始めます。

久美子氏は、創業者である父勝久氏の用いた接客方法が「利用客の心理的な負担になり、客足を遠のかせる」と否定。

「(1人でも)入りやすく、見やすい、気楽に入れる店づくり」をコンセプトに舵を切り替えていきます。店舗にカジュアルな雰囲気を施し、積極的な接客を控える手法を取り入れることで、10年以上減り続けてきた入店者数を増加に転じさせるなど、業績改善に一定の成果をもたらしました。

しかし、こちらも長くは続かず、5年という期間で(2009年～2014年)、業績不振を理由に勝久氏が現場復帰したことで、終止符が打たれました。

ここで業績が上向けば、ことは収まったのかもしれませんが、社長交代後も業績はさらに低迷。2014年12月期、業績について2度の下方修正を経て、4年ぶりの営業赤字に転落する事態となります。

これを受け、2015年1月28日の取締役会により、久美子氏の社長復帰・勝久氏の会長専任を決定(このあたりではすでにお家騒動も表面化し、一般人にも広く知れ渡ることとなりました)。

……ここから、大塚家具は完全に久美子氏体制となります。

また、勝久氏は、自分の息のかかった役員や付いてくる社員をともない、同業でコンセプトは以前のままの「匠大塚」を新たに立ち上げています。

大塚家具が取るべき戦略とは⁉

さて、前置きが長くなってしまいましたが、このお家騒動で注目したいのは、２つの異なる経営方針（路線）です。

１つは、創業者である父・勝久氏による、いわゆる富裕層、高所得者をターゲットとしたアッパー層狙いの囲い込み戦略。

もう１つは長女・久美子氏によるミドル層狙いの戦略。ニトリやイケアといった低価格帯とまではいかない中位の価格戦略による、ややカジュアル路線の戦略です。

いかがでしょう？　皆さんならどちらの戦略を取りますか？

正直、この戦略のどちらが正しく、どちらが間違っているといった答えはありません。

ただし、市場のニーズがどちらを支持するかという答えは、時間とともに結果が出るかと思います。これも時間の経緯でまた変わってくるとは思いますが……。

私たちがこのケースで学ばなければならないのは、自分が意思決定の立場であったら、どういう経営方針を打ち立てるかということです。

勝久氏の路線は、これまでの大塚家具を発展に導いた1つの成功法則です。これは誰も否定することはできません。それまで業界に存在しなかった「会員制」と「マンツーマン接客」によるまとめ買い需要を掘り起こし、このビジネスモデルを確立することで、独自の地位を築き上げたことは、ランチェスター的に表現するなら、重点顧客への一点集中と徹底した接近戦による差別化戦略といえるでしょう。

しかし、時代の流れにその戦略がマッチしなくなってきたことも否定できない事実です。そこで久美子氏がとった戦略が、ミドル層の取り込みと、気軽に買い物ができるという路線です。

この路線は、現在の市場のニーズを見渡すと、確かにマッチしているかもしれません。大塚家具は、「会員制」「高級＝高い」「接客がうっとうしい」といったイメージが先行してしまっている感もあり、市場で一番購買意欲のある女性層を取りこぼしている恐れがあるからです。

ブランドイメージが正しく浸透しているならよいのですが、先入観によるネガティブなイメージがついて回っているのは、企業にとってマイナス以外の何ものでもありません。

そのあたりのイメージを払拭する意味でも、おそらく久美子氏は、従来の路線を大きく転換する方針を採用したのではないでしょうか。

しかし、ここで忘れてはならないのが、ニトリやイケアの成功例です。これらの企業は、完全な低価格戦略といえます。しかも安くてもモノは悪くない。あるいは、デザイン的に非常におしゃれです。当然のことながら、ただ安いだけではないということが高く評価され、支持されているのです。

これらとの勝負は避けるために、やや上の価格帯に向かうことは、逆にあまり特徴のない、顔の見えない商品ポジショニングということになりかねません。

悪く言えば、「中途半端」。

この一言で片付けられてしまう可能性もあり得るということです。

現在、圧倒的な差別化で存在感を示している企業の共通点は、中途半端ではなく、とにかく徹底して振り切っている点にあります。

したがって、何をもって誰を狙っていくのか？

もっとシビアにいうのであれば、どこから顧客を奪うのか？

ここを具体的にしておかねば厳しい状況に陥ってしまいます。

そこで今後の大塚家具が取るべきベターな戦略は何か？

まずは、大塚家具自体が、今一度自社のミッションである「確かな価値との出会い」の具現化へ目を向けることから始めるべきでしょう。さらに自分たちは、「どんなお客さんと向き合いたいのか？」、「どんな顧客のために存在するのか？」

ここを今一度定義し直すべきかと思います。

その上で1つだけ無視できないのは、これまで支持してくれたお客さんです。仮に、従来の客層とまったく違う顧客を取りにいったとしても、これまで支持してくれた顧客をないがしろにしてはなりません。

この手法の場合、もっともスタンダードな形は、別ブランド（セカンドライン）を立ち上げて展開するスタイルです。このメリットは、思い切ったチャレンジもでき、テスト的に市場の声も取ることができる点にあります。ただし、これでも若干は従来の顧客を失うリスクがあります。ですが、企業が存続するためには、多少の痛みは致し方ないという気概がなくてはうまくはいかないでしょう。

また、従来の大塚家具のスタイルも市場ニーズにはマッチしないのであれば、このやり方も変更すべきでしょう。

成熟化した市場に切り込んでいくには、さらに強みを尖《とが》らせることが不可欠です。

つまり、徹底した富裕層狙い。中途半端ではなく徹底して振り切る覚悟が必要です。もし、そこまで振り切れるのであれば、その路線も決して不可能ではないでしょう。現にその手の客層を狙った商品やサービスの需要は拡大している状況もあるからです。1泊ウン十万円の旅館やクルーズ旅行などが人気なのはいい例です。

いずれも1つ確実にいえることは、従来のままでは駄目だということです。これは間違いありません。顧客ニーズが変わる。市場がシュリンクする。この時に何もせず、指をくわえて黙って見ているわけにはいきません。いかにこのピンチをチャンスととらえ、イノベーションを起こせるか？

ここにかかってきます。

このことは、トップが誰であれ根本的に変わらないはずです。

大塚家具は、ここを今一度見直していただきたく思います。

2018年時点での大塚家具の現状

さて、大塚家具の身内の争いが世に出始めた頃は久美子氏側に勢いがあり、当初マスコミも久美子氏側を支持する好意的な記事が多数を占めていました。

当時から正直、私は懐疑的でした。なので、あの骨肉の争いが世に出た直後、連載していたある雑誌でもこのネタを取り上げ、ランチェスター的な視点に立つと、久美子氏の戦略はやや中途半端なので、世が思うよりも危ういといった旨の記事を書かせていただきました。

あれから3年。その後、状況はどうなっているのか？

2018年2月、東京・有明の大塚家具本社で開かれた決算説明会で発表された同社の2017年12月期決算は、売上高410億円（前期比11・3％減）、営業損益51億円の赤字（前期は45億円の赤字）。これは過去最大の営業赤字への転落です。

5億円の営業黒字を見込んでいた期初計画はもとより、2017年7月に下方修正した

大塚家具を7つの原則に当てはめると…

①重点化の原則：ここという戦う場を決める！
- 大塚家具 ➡ 絞っているようで、しぼり切れていない!?
- 匠大塚 ➡ 従来の富裕者層にしぼり込み

②集中化の原則：資源の一点集中！
- 大塚家具 ➡ 総花的なイメージ
- 匠大塚 ➡ ロイヤル顧客に集中

③顧客ファーストの原則：何をおいても顧客視点！
- 大塚家具 ➡ 顧客視点であるようで、実は自社の顧客が見えていない!?
- 匠大塚 ➡ とにかく従来の顧客を重視？（過去に固執しているだけ!?）

※両者に共通していえることは、顧客不在の争いに終始してしまったこと

④スピード力の原則：常に早いものが勝つ！
- 大塚家具 ➡ 結果はともかく、スピーディーな路線変更
- 匠大塚 ➡ 立ち上げまでの速さは執念とも感じるスピード感

⑤自前主義の原則：主導権を握るものが勝つ！
- 大塚家具 ➡ 良いも悪いも顧客に委ねている
- 匠大塚 ➡ 顧客主体ではあるが、接客販売手法は店側

⑥情報発信力の原則：情報を制するものが市場を制する！
- 大塚家具 ➡ 当初は積極的にマスコミへの露出
  世間（特に女性層）を味方に付けることに成功も…
- 匠大塚 ➡ 積極的にマスコミへ登場
  良い悪いは別として自己の主張を発信

⑦人財力の原則：「人」こそ最大の差別化なり！
- 大塚家具 ➡ リストラの敢行と社内の混乱
- 匠大塚 ➡ 娘との争いがすべてを物語る

※ここにも社員不在の争いが先行してしまった感が見受けられる

43億円の営業赤字という計画すらも下回る結果となっています。

久美子氏はこの件について、「ニトリやイケアみたいに低価格でいくのでは？」「会員制でなくなるから、サービスもなくなるのでは？」という誤った認識が世間に広まったことが一番の原因と述べています。

また、「誤解が引き続き定着していて、正確な認識にしていかないといけない」「当社の強みがほとんど一般の方々に届いていない」と決算説明会の場で悔しさをかみしめるように語ったそうです。

確かにご本人がそうおっしゃるのだから、きっとそれも一因なのでしょう。

ただし忘れてはならないのは、大塚家具の強みが強みとして発揮されるのは、一体どんなお客さんなのかということです。また、さらに一歩振り返ると、現在の大塚家具の強みとは一体なんなのかということです。その部分が見えてこないと、お客さんへのアプローチのしようもないと思います。

大塚家具は、一体何で振り切っていくのか。今世間に問いかけなくてはならないことは、この部分ではないかと思わずにはいられません。

〈しくじりの視点〉

大塚家具をこうして「７つの原則」に照らし合わせてみると、やはり軸がないように見受けられます。１本筋の通った戦略がないということが大きな迷走を招いてしまっているのではないでしょうか？

その観点からは、「匠大塚」は、ある意味筋は通っている気がします。そこに柔軟な対応力が備わっていれば、もしかすると、こちらが浮上してくる可能性は十分にあります。

ただし、見ている矛先が、こちらも大塚家具（久美子氏）一辺倒だとすると、やはり危ういのではないでしょうか？　そのあたりは計り知ることはできませんが……。

いずれにせよ、まずは自社の立ち位置を今一度明確にし、顧客の声に耳を傾けることでしょう。

価格100倍戦略！　家具製造販売会社「関家具」の場合

大塚家具のしくじりは、どっちつかずの中途半端な価格ラインにシフトしてしまったことが、大きな要因です。低価格路線でうまく展開しているのは、何といってもニトリです。また、低価格と今のDIYブームも手伝ってか、イケアの勢いも無視できません。

この2社は、いずれもただ安いだけではなく、そのデザイン性も評価されています。この領域に斬り込んでいくのは、正直至難の業。

したがって、ここ とは一線を画すモノの良さなどでしっかりアプローチする必要があるものの、ここはここで激戦地。激しい競争状況が待ち受けています。中途半端な価格帯や品質では、勝負になりません。

ならばと、思いっ切り高価格帯にシフトして、ビジネスを展開している企業があります。福岡県に本社を構える「株式会社関家具」という家具製造販売会社です。

同社の関文彦社長は言います。「値段を従来品より1～2割上げても（下げても）売れない。だったら中途半端なことはやめて、いっそのこと100倍の新商品を出したほうがいい」

実際この戦略で、創業以来48期連続で増収を続けているというから驚きです。関家具は、例えば40万円クラスの普通の高級家具も販売してはいますが、４０００万円を超える超絶高級家具も売っています。この超絶高級家具を打ち出すことで、世界に１つしかない高級品を物色する世界の資産家と商売ができているともいいます。

これは極端な例ではありますが、ある意味、実益をともなうＰＲ戦略の一環ととらえることもできます。低価格路線でいくのであれば、ニトリやイケアといった競合よりもズバ抜けた品質と価格帯でなければ勝負になりません。その逆を行くのであれば、またほかを突き抜ける付加価値のある高級ラインといった戦略が求められます。

いずれも中途半端では勝てないということです。勝つためには、突き抜ける、振り切るという覚悟がともなうことも付け加えておきたいと思います。

しくじりから学ぶ 2

地域密着型経営で成功したはずの「ダイシン百貨店」のなぜ？

「半径500m圏内でシェア100%を目指す！」この目標を掲げ、バブル期以降の低迷から見事脱出し、この十数年の間は、流通業界において、地域密着型経営の成功事例として業界の模範とされてきた「ダイシン百貨店」が、2016年の5月8日をもってその看板を下ろすこととなりました。何ともさびしい話です。「これも時代の流れ」という一言ですませてしまうこともできますが、このダイシンのしくじりを踏まえ、もう一度、地域密着型経営について考えていきたいと思います。

「ダイシン百貨店」とは？

ダイシン百貨店は、一時はメディアなどにもよく取り上げられていましたのでご存じの

平成18年時の関連データ

【所在地】東京都大田区山王3丁目（JR大森）
【設立】昭和23年1月
【年商】100億円（H18年度）
【売場面積】3,300坪
【従業員数】社員120名、パート180名

●近隣競合：西友、東急ストア、成城石井など
●人口：18万人（大森エリア）
●半径500m圏内人口：約2万2000人
⇒メンバーズ会員：1万5556人。（H11年2月）
●シェア：70.3%
●年間来客数：約400万人

※参考データ：2011年日経ビジネス特集記事より

方も多いかもしれません。とはいえ、地域を限定しての展開でしたから、やはり知っている人は限られているかと思います。

ダイシン百貨店は、JR京浜東北線大森駅から歩いて7〜8分の距離にある、GMSとまではいかない、とはいえ食品スーパーだけではない、古くからある街の小さなデパートといった業態でした。一時は年商100億円に達し、純利益率ではセブン&アイ・ホールディングスを上回るほどでした。

創業はかなり古く、昭和23年。紆余曲折ありながら地元を中心に多店舗経営を展開するも、2000年に入り経営が悪化。その後、外部の経営者を据えたことが功を奏し、V字回復へと

向かいます。姉妹店を閉鎖して本店に注力するとともに、「半径500m圏内シェア100%！」という目標を掲げました。さすがにシェア100%までは達しませんでしたが、70%を超えるシェアを獲得したこともありました。これは、ランチェスター戦略的な視点から見ると、ほぼ独占状態であり、シェア目標のゴールといえる数字でした。

100%というのは、競争状況がない、無風の市場です。これでは、市場自体の成長は止まってしまいます。日頃から競争にさらされていない状況は、ある日突然、新規参入の波にさらされた際に、わりともろく崩れ去ってしまうものです。もっとも安定した独占的シェア状況というのは、3社以上の健全な競争状態にある中で、シェア7割を取ることです。これこそがシェア目標のゴールといえるのです（次ページ表参照）。

さて、その観点から見ると、実際ダイシン百貨店は、半径500m圏内においてシェア70%以上を獲得していました。これは立派な独占状態です。

なぜ、そのようなことが可能だったのか？

その答えが、「超・地域密着型経営」です。言葉にすると簡単ではありますが、これを具現化するのは容易ではありません。では、何をすれば実現できるのか？

まずは、この商圏に住んでいる人たちはどんな人たちなのか？　ここに目を向けること

市場占有率７つのシンボル目標数値（田岡・斧田シェア理論）

※クープマンモデルを基に、田岡信夫氏・斧田大公望氏が導き出したシェアの目標数値

73.9%	上限目標値	独占的となり、その地位は絶対的に安全となる。ただし、1社独占は必ずしも安全性・成長性・収益性が良いとはいえない。これ以上取らないほうがよい。	クープマンモデルを解析し田岡信夫氏・斧田大公望氏が導き出したシェア3大目標数値
41.7%	安定目標値	3社以上の競争の場合、圧倒的に有利となり、立場が安定する。首位独走の条件。≒Ｎｏ．１	
26.1%	下限目標値	強者（1位）の最低条件。これを下回ると1位であっても、その地位は不安定。≒強者	
19.3%	上位目標値	弱者だが上位グループに入り、1位も狙える地位。	26.1×0.739
10.9%	影響目標値	「10%足がかり」といわれ、市場参入時の目標となる。市場全体に影響を与え、競合とのシェア争いが本格化。上位目標値までがシェアアップの難所。	26.1×0.417
6.8%	存在目標値	競合に存在を認められる程度で、シェア争いが本格化する前の段階。撤退の基準とする場合もある。	26.1×0.261
2.8%	拠点目標値	市場参入時に、まず橋頭堡をつくる段階での目標値。	6.8×0.417

※3大目標数値以下の4つ（19.3%、10.9%、6.8%、2.8%）は、田岡信夫氏が導き出した目標数値。

です。その顧客となる人たちに目を向けると、実はこれまでダイシンが上顧客としていた「高齢者層」が、そのまま商圏に住むボリューム層であることがわかりました。しかもこの地域は、「高齢者」というよりも、「超高齢者」と言ったほうが適切かもしれません。

実際、大森周辺から山王という地域は、古くから住んでいる人たちも多く、わりと早い時期から高齢化が進んでいました。その人たちのニーズにしっかりと向き合い応えていくことこそ、ダイシンが生き残るうえでの絶対条件といえるわけです。

具体的にダイシンが取った施策は次のとおりです。

1．孫のような接客（親切丁寧な対応）

2．超小分け販売（高齢単身世帯向けに）

3．過剰な品揃え（高齢者のわがままを優先）

この3つの施策を中心に高齢者に接することで、「もうダイシン以外には行かない」という熱烈な高齢者のファンをつくり出していったのです。今でこそ、惣菜などの超小分け販売などは、当たり前のように他店でも見られるようになりましたが、ダイシンはその先駆者でした。これらの実践は、本来の小売店における店舗経営セオリーから見ると、間違いなくNGです。どれもやってはいけないといわれることをやってしまっています。

特に過剰な品揃えなどは、ＰＯＳデータで常に売れ行きを管理している現在の流通小売業からすると、目も当てられない非効率経営と言わざるを得ません。

ところが、この非効率経営こそが、逆にダイシンが躍進した重要な施策となったのです。

また、これにより競合店のように巨額の費用を投じて割引セールやチラシの配布、広告宣伝をする必要がなくなり、利益率が上がったという効果も得られました。

これらのことなどから、ダイシンは、これまで地域密着型経営の成功事例として語られてきたわけですが、２０１６年に入り、ドンキホーテに経営権が完全に移り（２０１４年にドンキホーテ・グループのファンド会社に経営権を売却、16年にドンキホーテホールディングスが直接経営権を取得）、閉店を余儀《よぎ》なくされてしまいました。

さて、一体ダイシン百貨店のどこに失敗があったのでしょうか？

まず本館建て替えの時期（２０１０年～12年）に規模縮小を余儀なくされ、その際、近隣に相次いで開店したスーパー（オオゼキ・まいばすけっと等）に押される形で、売上も大幅に減少したといいます。

また、２０１２年に新館がグランドオープンしたことにより、売上の減少には一定の歯止めが掛かったものの、大幅な回復にはいたらなかったことも大きな要因として挙げられます。ただし、これだけでは売却までとはならなかったと思います。実際は、新店の建築費用や金利負担などが大きな原因となったのではないでしょうか？

これまで、私はダイシンが壁にぶち当たるとするならば、新規の高齢者獲得の困難さが課題となるのではないかと持論を展開してきました。

確かにダイシン百貨店は、その長い歴史に幕を閉じたわけですが、決してその経営手法自体は間違っていたわけではありません。

とはいえ、1つ付け加えておくならば、ダイシンはその市場のライフサイクルに合わせた戦略の切り替えと、微妙な変化への対応を見誤ってしまった感は否めません。

もちろん、店舗の建て替えなどは、変化への対応の1つだったのかもしれませんが、残念ながら、やはり打ち手を見誤ったと言わざるを得ません。後からは何とでもいえるのですが……。

では、どうすればこうした地域密着型経営を成功させることができるのでしょうか？

そのヒントとなる事例をいくつか取り上げてみたいと思います。

ご当地バーガー全国NO．1「ラッキーピエロ」の場合

人口28万人の函館とその周辺に17店舗（２０１８年8月現在）を展開するハンバーガーチェーン店「ラッキーピエロ」は、まさにご当地密着型の展開で成長している店舗です。ラッキーピエロの特徴は、全17店舗の１つたりとも同じデザインの店はないということが挙げられます。

これはいわば、チェーン店の鉄則である店舗の標準化の逆張りです。チェーン展開するメリットは、本来同じフォーマットを使用することで、効率化やスケールメリットを活かしていくことにあります。

ところが、ラッキーピエロはその真逆なのです。これではチェーン展開していく意味がないのでは？　と思ってしまうかもしれませんが、実は地域密着型経営を実践するうえで、ここに大きなヒントがあるのです。

ラッキーピエロの社長は、「地元のヘビーユーザーこそもっとも重要なお客様」という強い信念があります。つまり、地域密着型で店舗を運営するのであれば、当然のことなが

ら、地元のお客さんに足を運んでいただき、ヘビーユーザーになってもらわなければならない。一見客を軽視するわけではありませんが、長く店を運営していくためにはやはり、地元のリピーターをいかに育てていけるかがカギとなります。

このあたりは、ダイシン百貨店とも通じる部分かと思います。とはいえ、ダイシンとラッキーピエロとの大きな違いは、1店舗と多店舗展開です。1つの地域に集中し、多店舗展開するというのは、カニバリ（とも食い）や飽きなどのリスクをともないますので、むしろ難しいといえます。

その対策として、ラッキーピエロが取った手段は「どの店に行っても変わらない、同じである」という多店舗チェーン店の理論＝「金太郎あめ方式」を覆す展開でした。

それは、「同じ看板を掲げる店だけど、1軒1軒がまったく違う店」という、楽しみやワクワク感を演出して、お客さんを飽きさせない工夫を徹底することでした。

そしてラッキーピエロはもう1つ、会員サービス等も展開しています。ラッキーピエロという名前からイメージできるように、お客さんをサーカスの団員に見立て、「準団員↓正団員↓スター団員↓スーパースター団員」といった形で会員に階層を設け、利用ポイント（飲食等）に応じて階級が上がる仕組みです。

各階層ごとに特典が受けられるのですが、スーパースター団員になると、自宅まで出向かれての表彰や来店時に名前で挨拶してもらえるなどの演出もあります。

ラッキーピエロの王一郎会長いわく、「面倒なことをやる。それが違いになり、ブランドになった。おいしいだけでは来てもらえない時代。楽しいだけでも心に響かない。誰かに伝えたくなるような経験をいかに提供できるか？　ここに重点を置くことが必要。そのために、〝ＷＡＯ〟（ワオ）！　という驚きをいたるところに溶け込ませた」

なるほど。ここまで徹底しなければ、本当の意味で地域に溶け込むことはできないということなのかもしれません。

それにしても、このやり方は非効率であり、近年いわれているマーケティングのセオリーからは逸脱しています。

例えばコンビニなどは、同一フォーマットで、徹底的に同じ店舗展開をすることで、これまで成長してきた業態です。ＰＯＳデータによる在庫管理などは、超効率化経営の象徴ともいえるでしょう。

しかし、そのコンビニでさえも近年では、その地域に合わせた商品ラインナップやサービスなど、これまでの効率最優先主義からの変化が見られ始めてきました。

つまり、単なるリピーターを超えるファンへと進化させるためには、そこに来たくなる理由を提供しなくてはなりません。

その意味では、確かにダイシン百貨店も長きにわたり、この来たくなる理由を提供していたのだと思います。時代の変化とともに、これまでは〝ダイシンならでは〟のサービスや商品だったものが、他の店舗でもやるようになってしまったことで、差別化が差別化でなくなってしまったのです。

これも売上低迷の要因の1つに挙げられるのではないでしょうか。

では、地域密着型経営のためには、地域のお客さんを飽きさせないということがその突破口なのでしょうか？　もちろん、大きな要素の1つではあります。

ラッキーピエロのように、多店舗展開しつつも店ごとに中身が違う、そして驚きの演出を提供する……。これも1つの手段でしょう。重要なのは、1店舗か多店舗かにかかわらず、やはりその店にお客さんがまた来たくなる理由を提供すること。お客さんに選ばれる理由を創出する必要があるということなのです。

ダイシン百貨店を7つの原則に当てはめると…

①重点化の原則：ここという戦う場を決める！

↓

半径500m圏内にしぼり込み、
ここにおいてシェア100%を目指す！　※地域超密着型経営

②集中化の原則：資源の一点集中！

↓

顧客を高齢者へ一点集中化

③顧客ファーストの原則：何をおいても顧客視点！

↓

非効率でも高齢者の視点に立ち、高齢者に喜ばれるサービスに特化

④スピード力の原則：常に早いものが勝つ！

↓

独自のサービスを次々と展開

⑤自前主義の原則：主導権を握るものが勝つ！

↓

地域密着型で、他チェーンとは一線を画した独自路線で展開

⑥情報発信力の原則：情報を制するものが市場を制する！

↓

程よいタイミングでメディアへ取り上げられる

⑦人財力の原則：「人」こそ最大の差別化なり！

↓

顧客ファーストのための人財配置等

全国から固定客が集まる「辻野帽子店」の場合

ＪＲ川崎駅前大通り商店街で１９３０年代から帽子の専門店として続く「辻野帽子店」（ステッキも取り扱う）というお店は、外観から際立った特徴が見られるわけではありませんが、年間約３０００万円（２０１５年時点）の売上があります。

ごく普通の老舗帽子屋さんがですよ⁉

ただし、これには理由があります。その理由は、この店の提供するサービスのレベルと品揃えにほかなりません。帽子の愛好家は全国に存在しますが、こうした愛好家の求める要求レベルは高くなります。そこに確実に応えることで、約５００人の固定客を全国に持つといいます。

平均単価は約３万円。つまり、この５００人の固定客が年に数回購入することが売上のベースになっているのだそうです。今はネット販売が発達していますので、帽子などもご多分に漏れず、ネットで購入するユーザーが増えています。

「辻野帽子店」もオンラインショップは運営してはいますが、熱烈なマニアが支持する理由は、安く、便利に購入できるネット通販よりも、わざわざそこへ足を運ばなければならない「フィッティングサービス」にあるといいます。これは、帽子のサイズ調整やかぶり方の指導を指します。

本来、人間の頭の形は千差万別、左右非対称であり、１㎝単位でサイズを合わせ、かぶり方を決める必要があります。帽子をカッコよく、そして心地よくかぶるには、このフィッティングが非常に重要となるのです。

しかし、これはとても非効率なサービスでもあります。技術もさることながら、１人ひとりにかける時間や大量の在庫も必要となるからです。ただし、この手間のかかる顧客への対応こそが、お客さんに支持される理由となっているのです。ほかではやらない、やれない非効率なサービスこそ、弱者の生きる切り口となります。大量の在庫は確かにリスキーではありますが、これも顧客ファーストの視点に立った際に、最大限の強みの１つとなるでしょう。

これこそが、お客さんがこの店に来る理由なのです。

このお店もやはり、「７つの原則」に当てはまるかと思います。

〈しくじりの視点〉

ダイシンにおける「7つの原則」（191ページ参照）をよく見ていただきたいと思います。

これを見ると、正直なぜ、しくじってしまったのかがよくわからないのが本音のところです。セオリーどおりともいえる戦略を実践していたからです。ただし、落とし穴があったとするなら、それは、あまりに内々しか見てこなかったことなのかもしれません。

少なからず、ダイシンはこの地域においては、「NO.1」の地位を確立しました。生産性も非常に高い状況です。この状況だとすると、あるタイミングで、やはり市場環境を一度見直す必要性があったのではないでしょうか？

今までは差別化として機能していた施策も、もしかすると競合と同質化してしまっているかもしれない。そんなことにも目を向けておくべきだったのかもしれません。

また、規模拡大は追わない戦略だとしても、超高齢者をターゲットとしている以上、新規顧客の獲得は必須です。店舗の建て替えなどのタイミングはそのチャンスでもありましたが、タイミングを見誤るとそれがピンチにもなるということを、私たちは知っておくべきなのでしょう。

しくじりから学ぶ③

成功としくじりの狭間から「俺の～」シリーズの今

さて、「しくじりから学ぶ」の3つ目は、あのブックオフの創業者である、坂本孝氏が立ち上げた飲食チェーン店「俺の～」シリーズを取り上げてみたいと思います。

数年前、メディアを通じて非常に話題になった「俺のイタリアン」、「俺のフレンチ」などを展開する、あの立ち食い本格レストラン「俺の～」シリーズをご存じの方は、多いのではないでしょうか？

このレストランは、業態そのものがこれまでの常識を打ち破る、非常識型モデルともいえるスタイルで一世を風靡《ふうび》しました。そういった意味では成功事例としても解説できるケースともいえます。

ただし、一時のブームのような勢いは終息し、やや踊り場で伸び悩んでいるようにも見受けられます。また、当初のコンセプトと、現在はちょっと違った方向へと展開しているのも事実です。

もちろん、時代や市場の変化への対応ということで、こうしたベンチャーがコンセプトも含め、変化（進化）していくことはよくあるケースともいえます。ただし、これにもポジティブなパターンとネガティブなパターンとがあります。「俺の～」は一体そのどちらなのか？　その答えを探る意味でも、今回は「しくじり」で取り上げさせていただきました。

したがって、本書で最後に紹介するこの事例は、現時点では「成功としくじりの狭間から」という表現で解説していきたいと思います。

「俺の～」シリーズとは？

「俺の～」シリーズとは、本格的なイタリアンやフレンチ、あるいは割烹料理などを、狭い店舗でリーズナブルに提供する立ち食いレストランとして誕生した、これまでになかった領域の新業態飲食店です。立ち上げと同時に話題となり、瞬く間に行列のできるお店として認知されていきました。

その要因は、いくつか挙げられます。

①本格的なフレンチが驚くほどリーズナブルな価格で食べられる、これまでにないレストラン。

②本格的ということが伝わりやすいように、三ツ星レストランのシェフをヘッドハンティングしてきた。

③この価格を実現するために、坪面積を抑え、回転率を上げ利益を確保するために立食という形態を取った。

④食材にも妥協せず、良い素材を使用。舌の肥えた客も唸らせる。

⑤立ち上げたのが、ブックオフの創業経営者・坂本孝氏だったこと。

ざっと並べただけでも興味を抱かずにいられません。

また、これまでにない業態、市場を切り開いたという、坂本氏のイノベーション力には脱帽します。あれだけの食材を使用した、高級レストランも顔負けの本格メニューが、相場の３分の１程度の価格で食べられる。しかも、名の知れた三ツ星レストランの一流シェフが調理している。一体どのようにすれば、この業態が成り立つのでしょうか。従来の飲食店経営のセオリーに当てはめたら、到底誕生するはずがないお店ということになります。

この店が成り立つために、坂本氏によって導き出された方程式は、基本的に固定費を抑え、回転数を上げる（客数を増やす）という単純なものです。

つまり、「誰にでも手が届く価格で、一流のシェフがつくる本格料理を提供する」というコンセプトを具現化するためにはどうすればいいか？　という発想から導き出された業態ということなのでしょう。

その具体的な手段が、「立ち食い」というスタイルであり、狭い店内という選択肢だったわけです。これにより、回転率を上げることが実現でき、利益を生み出すことに成功します。また、限られた坪面積により固定費（店舗の賃料や人件費）を大幅に圧縮することも実現。ここに1つの成功フォーマットが完成します。

肝は、一流のシェフのリクルーティング

しかし、十分な設備が整っているとはいいがたい狭い厨房に、なぜ一流の料理人たちを

集めることができたのでしょうか？　その口説き文句は、「1人でも多くの人にあなたの料理を食べてもらいたいとは思いませんか？」というものだったといいます。

つまり、回転率とリーズナブルな価格は、1日何人にも料理を提供することが可能ですが、高級レストランともなると、予約制で1日数組が限界です。

このあたりが一流といわれる料理人の心を揺さぶったのかもしれません。

また、価格は安くても、原材料費に関しては妥協せず、それなりにコストをかける。食材と調理にはこだわったからこそ、リピーターが後を絶たなかったのかもしれません。

とはいえ、ここに弱点がありました。多店舗展開を考えた際に、坂本氏がこれまでに手かけたブックオフとは違い、「俺の〜」シリーズの場合、調理人に対する依存度が高くならざるを得ないということです。

つまり、一流のシェフの確保が絶対条件となってしまうところです。ブックオフの場合、商品は中古本です。そもそも中古本の世界も目利きという店主がいて、仕入れ値、売値を設定する業態です。したがって、ここでものをいうのは、豊富な経験です。まさに属人的な職種といえるでしょう。ところが、坂本氏は、この業界の慣習をぶち壊します。本来、目利きがいなければ成り立たない業態である古本屋のビジネスモデルを、人に依存しないモデルへと変えていったのです。

それがあの「ブックオフ」だったというわけです。

ブックオフは、誰でも古本の仕入れ値をシステマチックに計算できる手法を導入していきました。目利きではなく、「きれい」「新しい」というのが価値基準となっているオペレーション・システムです。これにより、ブックオフは従来の古本業界にイノベーションを起こし、新たな市場、新古本需要を開拓し、多店舗化へと拡大していきました。

さて、「俺の〜」シリーズについても当初から、坂本氏は多店舗化を想定しての創業だと公言しています。ただ多店舗化となると、どうしても人材の確保という課題が引っ掛かってきます。コンセプトから考えると、シェフへの依存度を回避することは難しいと言わざるを得ません。

かといって、もし、「俺の〜」シリーズが、調理人にアルバイトスタッフを使い、誰でも調理できるようにマニュアル化をしてしまったらどうなるか？

おそらく今まで来てくれていたお客さんの足が遠のいてしまうのではないでしょうか。

また、ほかのお店との差別化も難しくなってしまいます。何より、コンセプトそのものもブレてしまう。

このことを考えると、実際に多店舗化するのはなかなか難しかったのではないかと思います。しかし、坂本氏はこの問題を「シェフに裁量を最大限に与え、夢の実現へのサポートをする」ことで、三ツ星シェフたちを振り向かせていきました。

「ビジョンを示し、そこに共感してもらい、さらに自己実現の支援を約束する」、まさにリーダーのお手本像ともいうべきマネジメントです。

それでも人材確保には限界が来ます。そこに備え、自前でシェフを育てるスクールも開講していきます。このパターンは、先にも取り上げた、「宝塚」や「新日本プロレス」の自前での人材育成と通じるものを感じます。

ただし、１つだけ「宝塚」や「新日本プロレス」とは大きな違いがあります。それが、積み上げてきた歴史、経験値ではないでしょうか。先の2者は、良い時期も悪い時期も経験し、それを乗り越える強さとノウハウを身につけてきました。昨日今日できあがった仕組みでもノウハウでもありません。当たり前ですが、一朝一夕というわけにはいきません。

この部分は、坂本氏も織り込みずみだったのか。はたまた、やや誤算があったのか。

これはなんともわかりませんが、少なくとも人材育成と「俺の〜」シリーズの出店スピードに微妙な乖離《かいり》が生じてしまったのではないかと感じます。

また、ある程度時間の経過とともに、この業態も認知され、お客さんにとっても目新しさが薄れ、これまで目をつぶっていた要望が浮き彫りとなってきます。

「おいしいし、手軽な価格はうれしいが、もう少しゆっくりしたい」

「多少値段が上がっても座って食べたい」

こうした声を無視できなくなります。

さらに、身内であるシェフからも、「もう少し厨房を改善して欲しい」云々の声が上がってきたといいます。こういった現状を打破するためか、ここ最近の「俺の～」シリーズは、立ち食いではなく、着席スタイルが標準化されてきました。

また、どの店にも三ツ星シェフがいるという状況も絶対ではなくなりました。うがった見方をすれば、「ビジネスモデルの限界。拡大展開できるモデルではない」という見方もできてしまいます。

よくいえば、次のステージに入ったともいえます。どの業界・業態にも当てはまりますが、時代や環境の変化への対応がおろそかになっては、生き残ることはできません。

その視点からいうと「俺の～」シリーズは、次のステップへさらに進んでいく過程なのかもしれません。したがって、今の時点で失敗や成功を論じることはできませんが、少なくとも従来のやり方、ビジネスモデルでは成長は難しいことだけは間違いなさそうです。

「俺の～」シリーズの今後の方向性

多店舗化のセオリーとは単純に考えると、まずはオペレーションを簡素化させ、誰でもマニュアルに従えばシステム化できる仕組みをつくる……ということといえますが、「俺の～」シリーズの場合、これでは差別化ができなくなります。

「一流のシェフを招聘して一流レストラン顔負けの料理を提供する」

このコンセプトが差別化であり、ほかがたやすく模倣できない障壁となっています。

では、どうすれば多店舗化、拡大展開ができるのか。そこで出てきたのが、食の業態を変える（広げる）ことで、多店舗展開していくというパターンです。「俺の～」シリーズは、フレンチ、イタリアンと続き、割烹、スパニッシュ、焼き鳥、焼き肉、そば・おでん、中華といった形で、多ブランド化を進めています。

これだけ世間に認知されてくると、「俺の～」という看板自体がすでにブランドとなっていますので、当初ほど〝三ツ星レストランのシェフ〟という看板にこだわらなくてもお客さんは反応してくれます。「あの〝俺のシリーズ〟であるならば、きっと美味いだろう」こうお客さんにイメージしてもらえれば、してやったりです。

さらに、来店したお客さんの期待を裏切らない料理であれば、お客さんはまた来てくれるでしょう。このような戦略で、現在は多店舗化を進めているわけです。確かに焼き鳥、おでん、焼き肉などは、正直三ツ星レストランの一流シェフという看板は、必ずしも必要ではありません。

つまり、シェフの腕に差が出にくい（実際はどんな料理でも差は出るが）飲食店を展開していくことで、多店舗化の課題を打破していこうという算段なわけです。

実はこのパターンは、後発で展開している「いきなり！ステーキ」にも見ることができます。

「いきなり！ステーキ」は、「俺の株式会社」が運営する店ではなく、「ペッパーランチ」などの飲食店をフランチャイズ展開する「株式会社ペッパーフードサービス」が運営している店舗です。

この1号店が立ち上がったのが、2013年の12月。その後、約1年半の間に40店舗弱に店を拡大し、さらに3年の間で90店舗程度まで拡大展開しています。

なぜ、このわずかな期間でここまで多店舗化が実現できたのでしょうか。その理由は、店舗オペレーションのシステム化にほかなりません。立ち食いで、本格ステーキがリーズナブルに食べられる。このコンセプト自体は、「俺の～」シリーズとほぼ変わりません。

しかし、大きく異なるところが1点あります。それが、属人的ではないという部分です。「いきなりステーキ」は、確かに出てくるステーキの肉厚や食感などは本格的です。演出も然り。店内に入ると、肉をカットするカット場がどの位置からもガラス越しに見ることができ、そこには分厚い赤肉が重ねられ、焼くところをオープンにしています。まさにライブ感あふれる演出です。

立ち食いとはいえ、席への案内、お冷サービスやオーダーなどは着席式と変わりません。また、シェフ自らが肉を運び、食べ方を説明してくれるなども本格感があるといえるでしょう。味も質感もしっかりしているので、流行っていることにも納得します。

しかも調理にはさほど手間が掛かりません。席でお客さんがそれぞれの好みに合わせ焼き加減を調整することができます。これであれば、肉質さえしっかりとしたものを仕入れ、あとはカットと下焼きをすれば、比較的誰でも提供することが可能です。

「俺の～」シリーズを7つの原則に当てはめると…

①重点化の原則：ここという戦う場を決める！

↓

本格的な食材で一流シェフが作る料理をリーズナブルに
提供する立ち食いレストラン

②集中化の原則：資源の一点集中！

↓

「本格感」・「一流シェフ」・「リーズナブル化」へ資源を集中！

③顧客ファーストの原則：何をおいても顧客視点！

↓

本格的な食材で一流シェフがつくる料理をリーズナブルな価格で提供する

④スピード力の原則：常に早いものが勝つ！

↓

スピーディーな顧客回転数とスピーディーな多店舗戦略

⑤自前主義の原則：主導権を握るものが勝つ！

↓

一流シェフを自前で抱える（リクルーティング）、
自前の人材育成スクールの設置

⑥情報発信力の原則：情報を制するものが市場を制する！

↓

知名度のある坂本社長が自ら広告塔となり、
積極的なマスメディアへの発信。早い段階からの書籍等での発信

⑦人財力の原則：「人」こそ最大の差別化なり！

↓

人材の確保と育成のシステム化

ハッキリいってしまえば、この店はランチェスター戦略的に見れば、「ミート戦略」といえます。

あっ、決して肉だから「ミート戦略」ということではありませんよ！（笑）

※「ミート戦略」　弱者が打ち出した差別化戦略に対し、強者が後から同じことをぶつける（ミートする）ことで、差別化を差別化でなくさせる戦略をいう。いわば後出しジャンケンであるが、強者の戦略セオリーでもある（同質化戦略・模倣戦略ともいう）。

飲食業界において、「俺の株式会社」は門外漢であり、新規で参入した弱者です。一方の「株式会社ペッパーフードサービス」は長年の実績があり、「俺の株式会社」に対して強者の立場にあります。

強者の戦略セオリーは、弱者への「ミート」です。すなわち差別化を差別化でなくす、模倣・同質化戦略です。

このセオリーにならうまでもなく、とくに飲食業界において流行っている業態は、必ずミートされるというのが常です。「俺の～」シリーズもご多分に漏れず、ミートされたというわけですね。

それだけではありません。「ペッパーフードサービス」は、フランチャイズ展開のプロでもあります。ただ「ミート」するということではなく、最初から多店舗展開、フランチャイズ化しやすい業態を考えての出店だったといえるでしょう。

ステーキに目を向け展開したところは、さすがとしかいいようがありません。また、立ったまま食べるというワイルドさに、ステーキはマッチします。まさに肉を喰らうといった感じで、満足度も高まります。このあたりも心憎い限りです。

さて、「俺の～」シリーズに話を戻しましょう。

「俺の株式会社」は、先ほど挙げたとおり、「立ち食い」というコンセプトは変えずに、業態カテゴリーを広げることで、多店舗化を推進しています。ステーキ1種類に特化した「いきなり！ステーキ」のやり方と比べると、時間もコストも掛かりますが、それが逆に、「俺のシリーズ」にしかできない、差別化になっているのも事実です。

ほかがやらない。大手は面倒でやりたくてもやれない。ここに弱者の生きる道は潜んでいます。

「俺の〜」に関しては、やや多店舗化を急ぎすぎた気がしてなりません。もう少し速度を落とし、出店エリアにおいて確実に1店舗ごと「NO．1」を目指すべきでしょう。たとえ回り道だとしても、結果としてそれが成功への一番の近道です。

そして何より、長期的な視点で見ると、人材を自前で育成する仕組みは、今後の一番の強みとなってくるはずです。この人材に対する投資と取り組みだけは、極力続けていくべきでしょう。

おそらく、この取り組みが、後々大きな差となり、花開いてくるはずです。

まだ少し時間はかかるかと思いますが、「俺の〜」の挑戦は今後も注視していきたいと思います。

〈しくじりの視点〉

冒頭でも書いたとおり、「俺の〜」は明確にしくじっているわけではありません。

「7つの原則」に照らし合わせてみても、コンセプトはキッチリしており、その部分でのブレはあまり見られません。「三ツ星シェフ」や「立ち食い」といった要素は薄れてきていますが、ポジティブに見れば、顧客ニーズの変化への対応とも解釈できるでしょう。

飲食業界において、この業態を持ち込んだ功績は非常に大きいといえます。また私たちユーザー視点から見ると、新たな選択肢が広がったことで、また外食への楽しみが1つ増えたことに感謝の念すら抱きます。

坂本社長は当初から多店舗展開を想定し、事業を立ち上げています。逆にそうしなければ、企業としての利益が出てこないビジネスともいえます。したがって、ことを急いだということも理解できます。ただし、やはり顧客視点がもっとも重要だということを、忘れてはならない気がします。

今はむしろチャンスともいえます。はじめから着席スタイルの店舗でスタートしていたら、ここまで話題にはならなかったはずです。「立ち食い」という段階を経て現在のステージへと進んだからこそ、良い悪いも含め、話題になるのです。したがって、ここからが本当の意味での勝負といえるでしょう。

焦らず、じっくり進んで行っていただきたいと思います。

人を育てる仕組みとそこに投資を惜しまない企業は、必ず生き残っていくと信じております。

エピローグ

最後まで本書をお読みいただき、ありがとうございます。

いかがでしたか。

プロローグで、私は「成功」にも「しくじり」にも、そこには根拠も理由も必ず存在することを学んでいただくことが、本書の最大の目的と申し上げました。

そして、「孫子の兵法」と「ランチェスター法則」から導き出した「7つの原則」を、成功するための条件として提示しました。

●ビジネスを成功させる「7つの原則」

・重点化の原則：ここで勝つという場を決める！

・集中化の原則：資源を一点集中させる！

・顧客ファーストの原則：何をおいても顧客視点！
・スピード力の原則：常に早いものが勝つ！
・自前主義の原則：主導権を握るものが勝つ！
・情報発信力の原則：情報を制するものが市場を制する！
・人財力の原則：「人」こそ最大の差別化なり！

今、日本を取り巻く市場環境は非常に厳しい局面を迎えています。経済は成熟期から衰退期へと移り、市場は縮小、企業は減少の一途をたどっています。

また、都市部への一極集中、地方の空洞化、人口減少、さらには世界のどこも経験したことのない、空前絶後の超高齢化社会を迎えようとしています。

これらは避けて通ることのできない、確実にやってくる未来といわれます。

ただし、悲観ばかりしていても仕方ありません。これまで見てきたとおり、同じものを見るにしても、ちょっと見方を変える。あるいは立ち位置を変えてみることで、同じものがまったく違った見え方になることは、すでにご理解いただけたのではないでしょうか。

7つの原則を知ることは、そうした視点を養うことにも役立つはずです。

もし読者の皆様がビジネスで悩まれているのであれば、まずはこの原則に従い、実践してみることをおすすめします。

ただし、中途半端では意味がありません。やり抜いてください。振り切ってください。スポーツでもゲームでも、負け続けていては面白くありません。気持ちも萎えてしまいます。ましてやビジネスなら、生活にも関わってきます。もちろん、スポーツやゲームもプロであれば然りです。

とはいえ、スポーツやゲームにはマニュアル的な教科書が存在します。まずはルールや基本を覚えて、練習することから始めますよね。ビジネスも同様です。巷には数多くのマニュアルらしきビジネス書も存在しますが、本書は流行やツールに影響されることのない、原理原則の書として手元に置いていただければと思います。そして迷った時には、常にこの「7つの原則」を思い返していただければ幸いです。これから起こる日本を取り巻く環境も、決して悲観することばかりではないと私は信じております。

最後に、本書執筆にあたりアドバイスをいただきました、ビジネス社の唐津隆社長、NPOランチェスター協会の竹端隆司理事長には、この場を借りて御礼申し上げます。

そして読者の皆様の成功を心より祈念し、ペンをおきます。

この厳しい時代を生き抜くために

2018年

名和田　竜

【参考文献】

・元・宝塚総支配人が語る「タカラヅカ」の経営戦略／森下信雄　角川oneテーマ21
・H・I・S澤田秀雄の「稼ぐ観光」経営学／木ノ内敏久　イースト新書
・運をつかむ技術／澤田秀雄　小学館
・新日本プロレスV字回復の秘密／新日本プロレス監修　KADOKAWA
・棚橋弘至はなぜ新日本プロレスを変えることができたのか／棚橋弘至　飛鳥新社
・スノーピーク「好きなことだけ！」を仕事にする経営／山井太　日経BP社
・「俺のイタリアン」を生んだ男「異能の起業家」坂本孝の経営哲学／尾崎弘之　IBCパブリッシング
・「孫子の兵法」がわかる本／守屋洋　三笠書房
・ポケット図解「孫子の兵法」がよ～くわかる本／廣川州伸　秀和システム
・まんがで身につく「ランチェスター戦略」／名和田竜　あさ出版
・ランチェスター戦略「小さなNO．1」企業／福永雅文　日本実業出版社
・日経ビジネス「すぐ実践！　驚異のマーケティング術」／日経BPムック

著者略歴

名和田　竜（なわた　りょう）

NPO ランチェスター協会常務理事兼副研修部長・認定インストラクター
相模女子大学非常勤講師、ランチェスター戦略学会役員、リレーションステージ LLP 代表
大学卒業後、広告代理店にて営業・プランナーとして数多くの成功企画を手掛ける。その後、本家ランチェスター協会にてランチェスター戦略を学び独立。現在はコンサルティング・研修講師をはじめ、執筆・講演など幅広く活躍中。2013 年にはバンコクにて日本人初となるランチェスター戦略研修をタイ人へ実施、大成功を収める。ランチェスター協会の専門研究コースを始め、シナプスマーケティングカレッジ、マーケティング研究協会、澤田経営道場（選考委員も兼務）等の講師も務める。また「戦国武将」「幕末・維新」をテーマにした講座はもう１つの人気コンテンツ。著書に『まんがで身につく ランチェスター戦略』『全図解　ランチェスター戦略がぜんぶわかる本』（あさ出版）、『誇りを持って稼げる！最強の私を手に入れる！』（ビジネス社）、『書込式ワークシートで小さな会社が儲かるランチェスター戦略』（秀和システム）ほか多数。

しくじり企業も復活する７つの大原則

2018年11月１日　第１刷発行

著　者　　名和田 竜
発行者　　唐津 隆
発行所　　株式会社ビジネス社
〒162-0805　東京都新宿区矢来町114番地 神楽坂高橋ビル5階
電話　03(5227)1602　FAX　03(5227)1603
http://www.business-sha.co.jp

印刷・製本　大日本印刷株式会社
〈カバーデザイン〉中村聡
〈本文組版〉茂呂田剛（エムアンドケイ）
〈編集担当〉本田朋子
〈営業担当〉山口健志

ISBN978-4-8284-2058-5